JN181717

「本の寺子屋」が地方を創る

塩尻市立図書館の挑戦

「信州しおじり 本の寺子屋」研究会＝著

東洋出版

「ときどき俺もそう感じる。こんな文章を書いて何の意味があるのかと。たまに。昔はこうじゃなかった。世界はもっと小さかった。手応えのようなものがあった。自分が今何をやっているかがちゃんとわかった。みんなが何を求めているかがちゃんとわかった。メディアそのものが小さかった。小さな村みたいだった。みんながみんなの顔を知ってた」

村上春樹『ダンス・ダンス・ダンス』（上）Ｐ３３３、講談社、１９８９

まえがき

このたび、「信州しおじり　本の寺子屋」研究会の方々から、私共の取り組みを書籍化したい、とのお話をいただきました。事業がスタートして五年目を迎えるこの時期だから、一度振り返ってみましょうというお言葉もいただきました。

正直、事業の企画が提案されて以来、驚かされることが続いています。

はじめの驚きは、「本の寺子屋」のコーディネーター役で編集者の長田洋一さんから持ち込まれた講師一覧でした。こんな著名な皆さんを本当にお呼びできるのか、どうお相手させていただけばいいのか、塩尻の力量で可能なのか等々。

そんな驚きも含め本書では、私たちの思いや意味などを、外からの視点で書いていただきました。取材協力はさせていただきましたが、内容について何かお願いすることは厳に慎みました。結果、塩尻市立図書館の悩みや課題などにも触れられています。外から見える「本の寺子屋」の断面を、私たちも興味深く読ませていただきました。

「出版について語る図書館の人になかなか出会えない。だから自分たちも図書館の考えていることがわかっていなくて――」と残念そうに話してくださった出版関係の方。「図書館が知の拠点になればなるほど、書店は苦しくなります。でも、――」と本音で語ってくださった書店の方……。

「本の寺子屋」は、多くの出会いをもたらしてくれました。

私が言うまでもなく、「本」は、書く、編集する、つくる、運ぶ、売るなどさまざまな形で携わる皆さんがいて、初めて読む人に届けられます。「本の寺子屋」を始めたことで、この、小学校の社会科で習うような当たり前のことを、同じ使命の図書館が、いかにわかっていないのかを、思い知りました。書くということの意味がどう変わってきているのか、編集の現場で何が起きていたのか、そもそも出版という世界で何が起きているのか、等々、ときには深刻な、ときには新鮮な驚きを得ました。

そんな状況は、図書館に限らず、やはり本に携わるそれぞれの現場に言えることなのだろうと想像するに難くありません。これで私たちは、自身への自戒を込めて本の寺子屋の柱の一つを、「図書館の力をつける」と決めました。

「本の寺子屋」を進めれば進めるほど、「本を読者に」という同じベクトルを持ちながら、本を取り巻くネットワークと相互理解がいかに進んでいないかを知ることになりました。そしてそれこそが、著者、出版社、取次店、書店、図書館などが一体となって出版文化の発展に寄与するための「本の寺子屋」の趣旨なのだという思いに至ります。

この本を読んで、あらためて「本の寺子屋」のテーマである「本の可能性を考えたい」という原点に立ち返った充実感のなかにいます。この感慨は、出発点となっている長田洋一さんはもちろん、企画の原型である「本の学校」に関わる皆さん、顧問・後援いただいている皆さん、講師、協賛、参加などさまざまな形で関わってくださっている皆さんへの感謝の気持ちなくしてはありえません。

そして、最後になってしまいましたが、「信州しおじり　本の寺子屋」研究会の皆さんと、本書の出版にご尽力いただいた東洋出版はじめ、この本を手に取ってくださった皆さんにも、図書館を代表して心からお礼を申し上げたいと存じます。本当にありがとうございました。

二〇一六年四月　前塩尻市立図書館長　伊東直登

『「本の寺子屋」が地方を創る——塩尻市立図書館の挑戦』　目次

口上

卑近な話から始めるのをお許し願いたい。かつて長野県松本市に住んでいたころ、街の中心部にある理髪店で髪を切ってもらいながら、女主人と話をした。聞けば、近く地域の祭礼があり楽しみにしているという。「昔はそれはにぎやかなものだったけれど、今では子どもも若い衆も少なくなった。なにしろ御輿《みこし》の担ぎ手がいなくなったものだから、自治会の役員さんが地元の大学の学生にわざわざ頼んで、担いでもらうくらいだ」と、女主人は話した。

国宝・松本城を中心に広がる松本市は、平成の大合併を経て、人口約二十四万人。長野県内では、長野市に次ぐ第二の都市だ。北アルプスの偉容を臨む観光都市だが、少子化と若年人口の流出が相まって地元からは若い人がいなくなっている。松本に限らず、

「祭りが近づくと血が騒ぐ」という人は多いだろう。みんな祭りは好きだ。しかし祭りの華ともいうべき御輿の担ぎ手がいなくなっている。それは地域の力が失われていく象徴のように思われた。

別の話をしよう。二〇一三（平成二十五）年春、井上靖の小説『しろばんば』の舞台となり、かつて作家自身が通った静岡県伊豆市立湯ケ島小学校（旧・湯ケ島尋常高等小学校）が、百四十年の歴史を閉じた。子どもが少なくなり、近隣の学校と統合したのである。ある早春の一日、校門が閉ざされた校舎の外に立った。春には花吹雪で新入生を迎えたに違いないソメイヨシノの枯葉に埋もれるように、あの小説の主人公・洪作少年とおぬい婆さんの像が、しんとした空気のなかに立っているのが見えた。

閉校の話はどこにでもある。長野・善光寺近くの伝統校・長野市立後町小学校の校舎が壊される現場にも出くわした。ここも子どもが少なくなったため、創立百三十七年目で閉校となった。黄色い重機が何台も入り、ばりばりと音を立てて校舎を壊した。二〇一五（平成二十七）年春、学校があった場所は、何があったのかわからないほどきれいに整地された。長く校庭の隅に置かれていた実物の蒸気機関車は、今では子どもの歓声を浴びるでもなく、小さな手が触れるでもなく、砂利が敷かれた空き地の片隅に肩身が狭そうにたたずんでいた。

小学校は、地域社会の結び目の一つである。かつて地域は、子どもを介して具体的なあれこれの人と人とが結びついていった。うちの子の友達のあの子のお母さん、お父さん、というふうに。地域の人間関係、つながりはそのようにして顔が見え、血が通うようになった。

閉校や統合によって子どもが通う学校が遠くなるということは、地域に様々な影響を与えずにはおかないだろう。なにより、小学校の運動会や学芸会といえば、地域にとっては大きな祭りだった。それゆえ少子化とは、たんに小学校が閉校・統合され、遠くなるということではない。地域の大事な祭りの一つがなくなり、人と人とのつながりが希薄になるということでもある。

ところで、子どもが少なくなり小学校がなくなったとしても、そこを終の住処と定め、暮らし続ける人々はいる。少子・高齢化が進み、住民の孤立化が進むそうした地域社会に、かつてのにぎやかで威勢のいい祭りのような、あるいはまた、小学校の運動会や学芸会のようなとはいわないまでも、一つの行事を目的に人々が集まることのできるような、そういう役割を演じることのできるような拠点としかけをつくりだすことはできないだろうか。

長野県塩尻市の図書館で開かれている「信州しおじり　本の寺子屋」にでくわしたと

き、私が考えていたのはそういうことだった。

*

「本は、これこのとおり、商品です。ちゃんと値段もついています」

喫茶店の窓際のテーブルをはさみ、向かい合ってこしかけた私は、テーブルの上の、長田洋一さんの前に置かれた単行本に手を置いた。

「……そう、ですねえ」

と、長田さんは答えた。

「商品ということなら、売れるほどいい、ということになりませんか。売れる商品は良い商品。売れない商品は良くない商品。とすると、売れる本は良い本で、売れない本は、まあよろしくない本、ということになる。つまり商品としては、本も、例えば自動車も同じ、ということ、ですか」。私は、長田さんの反論を期待して、敢えて挑発を続けた。

長田さんのエンジンが始動するには時間がかかる。

長田さんはゆっくりと話し始めた。

「……若い時分の無理が、たたったのですね。今じゃたいていの病気はありますよ」

体調がすぐれないため、お屠蘇も飲めずに年末年始を病院で過ごし、退院したばかりだと話した。長田さんは、しばし沈黙した。コーヒーはすでに冷めた。窓外は一月の信州の冬の白灰色に覆われていた。

長田さんは一九四四（昭和十九）年生まれ。長く出版界に身を置き、河出書房新社の季刊誌『文藝』の編集長を務めた人だ。だれもが名前を知っている作家たちと仕事をし、本をつくり、新宿のゴールデン街で一生分の酒を飲み尽くした後、長野県に居を移した。今では一線こそ引いているけれど、月に一度は東京に通い、本づくりに関わり続けている。その長田さんが、話を始めた。

本をつくり、流通させる業界で、いつのころからか「省力化」が進行した。読み手の顔が見えなくなった書き手。面と向かって書き手と格闘せず、ファクスや電子メールを介してこぎれいに原稿をやり取りする編集者・出版社。コンピュータに頼って配本する取り次ぎ。年間約八万点もの本が出版されながら、ほしい本が手に入らないという、とくに地方の書店。本をめぐるこうしたプレーヤーたちは、すくなくともかつては文化の担い手としての矜持があったはず、だった。しかし今や、次元は違うかもしれないが、ここでもまた、孤立化ともいうべき状況が出来《しゅったい》した。書き手は孤立した。「こんな文章を書いて何の意味があるのか。昔はこうじゃなかった」と思い始めた書き手が現れた。出版社と作家とのつながりは希薄になった。今やかれらは、商売人に変身したと見えるときがある。本は商品であるから、売れなければならない。だがそれでは、ベストセラーこそが良い本であり、売れない本は良い本ではない、といわんばかりではないか。

例えば新聞の書評欄で紹介された、小さな出版社が出した本を読みたいと思う読者がいる。しかし、これだけ物流が発達しているにもかかわらず、そういう欲しい本は町の小さな書店ではなかなか手に入らない。とりわけ地方では厳しい。本のつくり手、送り手たちは、自分たちが世に送り出す本を受け止めるべき読者がどのような本を読みたがっているのか、それがわからない。読みたい本がないから、買わない。売れない。こうした書き手、送り手、読み手それぞれの孤立化を、とりわけそれが顕著な地方で、どのように克服することができるだろうか。読者が本を手に取り、ページを繰ることのできる地域の場所といえば、まずは図書館だろう。ならば本の書き手、つくり手、送り手と読み手を直接結びつける仕掛けを、図書館でつくることはできないだろうか。

他方、近年の公共図書館は、より多くの市民が図書館に集まり、図書館を利用する新たな仕掛け、アイデアを模索し続けている。それなら、本の魅力を伝える企画・行事を展開していくなかで、地域の人が集まってくる場所、地域の新たな核としての役割を図書館が担うことはできないだろうか。それは、見果てぬ夢なのだろうか。

＊

「信州しおじり　本の寺子屋」が始まったのは二〇一二（平成二十四）年七月だ。すでにほぼ四年となり、全国的にも知る人ぞ知る図書館事業となった。ではなぜ今、これを取り上げるのか。それは、当初いわれていたような「本の魅力を発信する場」としての役割だけでなく、人口減少期を迎えた日本の、とりわけ高齢化が進む地方都市のなかで、図書館が担うべき新たな役割をこの企画が先取りしているからだ。

単なる情報発信の場というのではなく、隣人とのつながりが希薄になりつつある地域社会に生きる住民が、再び地域とのつながりを取り戻し、新たな交流を始める際の基盤としての役割が図書館に割り振られるようになり、そうした新しい考え方に基づいた図書館が注目を集める時代になった。

しかしここに一つ、懸念がある。「にぎわいを取り戻す」とか、「来館者＝お客様が満足できる交流拠点」とか、呼び方はさまざまだが、いずれにせよ過疎・高齢化、人口減少に直面した地域社会の新たな核として公共図書館を利用するという近年の傾向により、公共図書館の志向するイメージは、いわば一種のイベント会場とでもいうべき様相を帯び始めている。音楽やスポーツ、健康維持、伝統芸能などの分野をも含めた地域の様々な市民活動の総合的な拠点として新たな公共図書館を位置づけることで、全体として図書館の利用者が増えるのならそれでよいのではないか、という考え方もあるようだ。人が集まることはすばらしいことなのだが、他方、その考え方には、あたかも「新しい図書館の活動は必ずしも図書（資料）を必要としない」というような、一種のラディカリズムの種子を胚胎してはいないだろうか。取り越し苦労だというなら、それに越したことはない。しかしそこに、民主主義社会を根底で支える知の砦という図書館の本来の役割、存立基盤を揺るがし曖昧にさせかねない腐敗臭を、かすかにであれ感知することはないか。それは、活力が衰え始めた現代日本の地域社会全体を覆い始めた腐敗臭に通じるといえないか。

「信州しおじり　本の寺子屋」は本の復権を目指している。地域に生きる市民の生活の中心にもう一度、本を据え直し、読書を習慣化させるための方策を、書き手、つくり手、送り手、読み手が共同して創り出そうとする仕掛けである。その根底には、映像や音楽の鑑賞からは得られない、読書のみが与えてくれる知的興奮、喜びがあるとの信念がある。

閉校した伊豆の小学校の正門にあった洪作少年とおぬいばあさんの像や、閉校した長野市の小学校の校庭隅にあった蒸気機関車の周囲に、かつて子どもたちが集まり、歓声が響き、それが地域の核としての役割を演じたように、人の集まる輪の中心に図書館を据えるという考えは素晴らしい。同時に図書館は、いわば人集めのイベント会場に変容するのではなく、その人の輪の中心には飽くまで本があってほしい。そのために何が必要なのか。このテーマを考える人に、「信州しおじり　本の寺子屋」の試みが少なからぬ示唆を与えてくれるものと信じている。

第一章——瞬間の王は死んだ

市民交流センター「えんぱーく」外観

一　暗き森へと迷い入る

詩人・評論家の吉本隆明はかつて、物書きの方からみえる編集者には三種類のタイプがあると話した。第一は、大出版社の看板を背負っているのを鼻にかけ、偉そうにしているタイプ。第二は、今は編集者だが、そのうち俺は物書きになるのだというにおいを持ったタイプ。そして第三に、ぼーっとしているばかりでなにもわからない薄ぼんやりしたタイプ。

東京・下町育ちの吉本は言葉がきついので知られる。それを面と向かって聞かされた編集者の長田さんは、吉本から「まあ、君はちがうんだがね」と最後に一言付け加えられ、心底ほっとしたという。

長田さんは、出版社の採用試験にも関わり、若い編集者の仕事ぶりも間近に見てきた。

その経験から、吉本のいうのはあながち誇張ともいえないと思う。競争率が百倍以上にもなるらしい難しい入社試験を突破してくる若者たちである。そのなかには、たしかに優秀な編集者になる素質を持つ者もいる。しかし残念ながら、その少なからぬ部分は、その三分類のいずれかに該当する。

どうしてそういうことになるのか。そう問われてしばし考え込んだ長田さんは、やがて一言、「いやつまり、読んでないんでしょうねえ」と答えた。編集者の読書量が絶対的に、圧倒的に不足しているからだと長田さんは言う。だから、学者、作家や評論家、詩人らの仕事場に行って、彼らとまともに話ができない。薄っぺらな受け答えしかできない。原稿に行き詰まっているとき、書き手は自分の目の前にいる編集者、つまり自分を担当し、自分のことは一応勉強しているはずの編集者と言葉を交わすことによって、行き詰まりを突破するための何らかのヒントをつかもうとする。それは必死である。ところが、ヒントをつかむどころか、「ああ、こいつはどうしようもないな」と思われる。

書き手と編集者との間に、作品をめぐって適度の緊張関係があってこそ、質の高い作品も生まれてこようというものだ。しかし、書き手に軽蔑される編集者がつくる本の質とは、いかがなものであろうか。

書き手の執筆意欲に関わるもう一つの体験を長田さんは思い出す。それは詩人の谷川雁（一九二三〜一九九五）の逸話である。

谷川は一九五〇年代半ば、一部の若者たちから熱狂的に支持された詩人だ。まだ若手の編集者だった長田さんは、学生時代から谷川に傾倒していたが、その谷川があるときを境に、ぷっつりと書かなくなってしまった。行方すらわからなくなった。出版社に入り、若造としてこきつかわれながらも、心のどこかでそれがひっかかっていた。

あるとき、親しくしていた新聞記者を介して、谷川が長野県北部の黒姫山麓に隠棲しているらしいと聞いた。谷川の詩は、何しろ難しい。その難しさにまたしびれる。かっこいい。その谷川は一九六〇（昭和三十五）年に出た「谷川雁詩集」で、「私のなかにあった『瞬間の王』は死んだ」と書いた。詩人としての霊感が枯渇した、というような意味に受け取られた。

詩人としても、また思想家としても、あれだけ若者を熱狂させた谷川が突然、もう詩は書かないと宣言し、今は信州の山奥で生きているという。これだけおれを熱中させ、恋焦がれさせておきながら、さっさと見切りを付けて雲隠れ。それはないだろう、なんでなんだと問い詰めたい気持ちだった。

熊本出身の詩人は恐るべき酒豪である。東京で仕入れた熊本の清酒「美少年」をぶら下げて信越本線に乗り込み、会いに来た長田さんに、詩人は「読者の顔が見えなくなっちまった」と答えたという。一晩二人で一升瓶を空にした。さらに飲んだ。長田さんは酔いつぶれながら編集者の意地を見せ、現在の心境を書いてくれと頼むと、近くの宿に倒れ込んだ。

翌日、再び出向くと、詩人は約三十枚の原稿を用意していた。『虚空に季節あり』と題されたその原稿のなかに、「じぶんの言葉が、骨髄のところで病み、対象を失っているという知覚が日に日に強まっていた」との一文があった。

誰に向かって言葉を紡ぐのか、その対象が、イメージが、ぼやけてしまった。そうなったらもう、書けないじゃないか。谷川は長田さんの手土産の酒をしたたかに飲み、長田さんを宿に帰した後、その思いを言葉にした。執筆の意欲が失せた、というのではない。そうではないが、しかし誰がこれを読むのか、その対象を虚空に探すばかりでは、筆をとることができない。そのつらさは、「じぶんの言葉が、骨髄のところで病」んだほどの強烈な痛みなのだ、というのである。

小説にしても詩にしても、それは本や雑誌というメディア（媒介物）を経て初めて読み手の元に届けられ、社会の共有財産となってきた。いうまでもなく、届くのはメディアではない。メディアが、まさに媒介している書き手の知・情・意である。いわばそれは人間の精神活動の所産であり、すなわち、文化だ。

長田さんは一九九二（平成四）年から一九九七（平成九）年まで、河出書房新社の文芸雑誌『文藝』編集長を務めた。数多くの作家や詩人らとの付き合いがあった。書き手も十人十色だから一概にはいえない。だが、なかには編集者から身も心もカネも時間も健康も要求する人がいた。つまり、物書きと編集者という立場を超えた、最も信頼する人間として接することを望むのだ。そういう経験を通じて、書き手は彼一人で作品をつくっているわけではないのだと長田さんは知るに至った。彼がどんなに書いても、それが読まれるためには編集者を経なければならない。もちろんそれはそのとおりだが、実は書いてもらうところから編集者の仕事は始まっている。このことは、書き手の創作活動そのものに、編集者が影響を与えずにはおかないことを意味している。少なくとも文芸の分野では、作品とは、書き手と編集者の共同作業の所産とでもいうべき側面がある。

それゆえ編集者は、書き手と徹底的につきあわねばならない。議論をし、ときにけんかもしなければならない。そうでなければ、書き手のなかで、「読者の顔」は具体的な像を結ばないのだ。

読者のイメージが定まっていないままに書かれた本は、読者の支持を得られない。だからこそ、売れない。

大仰な譬えかもしれないが、それはドン・キホーテの従者サンチョ・パンサ、あるいは暗き森に迷い込んだダンテを導くヴェルギリウスのような役回りである。編集者たるもの、創作の地獄をともに這い回り、書き手が真の独創を生み出すために伴走すべきものではないか。あまたの原稿に目を通し、才能を見抜き、育てるために消費するエネルギーの膨大さは、それを体験した者でなければ到底、わからない。

しかし今や、編集者は、書き手と伴走する努力を怠ってはいないか。書き手を育てるための努力を惜しんでいるのではないか。本が売れない理由なら巷間いわれているように、いくつもあげることができるだろう。しかし編集者はそうした安易な責任転嫁をする以前に、重い自問から逃げているのではないか。

これが「信州しおじり　本の寺子屋」の出発点となる基本的前提である。ここには、「本」は書き手の頭のなかだけでできあがるのではない、という編集者の、経験によって培われ、鍛えられた信念がある。

そこで、もしもこの前提が正しいなら、本が生命力を維持し続けるためには、従来の編集者の役割を演じ、書き手に霊感を与える、あるいは「瞬間の王」が生きながらえるための何らかの新たな仕掛けが必要になるのではないか。

世界は、時間の経過に伴って複雑化していく。かつて、世の中が今ほど複雑ではなかった時代には、編集者は自らの仕事を通じて、たしかに書き手に幾分かの霊感を与えていた。

しかし編集者単独では、もはやその仕事を背負いきれないほどに現代は複雑になった。それゆえ書き手は、時代の呼吸音を聞くために、今や編集者だけではなく、読み手の声に直接、耳を傾ける必要があるのではないか。これが、「本の寺子屋」を実現しなければならないという思いの根本的な動機である。

書き手、編集者、出版社、取次会社、書店、図書館、読み手。本を介してつながるこれらのプレーヤーから成る世界は、永く一方通行だった。加えて、メディア自体が多様化し、多くの人にとって本の影響力が相対的に小さくなったこともあるだろう。読み手も齢を重ねる。古い読み手のなかには、新しい本を手にして幻滅する人もいるだろう。新しい読み手にとって、古典は別にして、本はかつてほど人生を揺さぶるような爆発力を維持できなくなりつつあるのかもしれない。

本がその魅力を取り戻すためには、これらのプレーヤーが直接、相互につながり、交流、交歓する場が必要だ。こうして、本を中心にしてプレーヤーが円環を形づくるイメージができあがる。それこそが、「本の寺子屋」だ。ではそれをどのような場で具体化すればよいだろうか。

二　商業主義にうんざり

勤めていた出版社の先輩に、「いい本をつくれ」とは言われた。しかし、「売れる本をつくれ」とは決して言われなかった、と長田さんは話す。

年間約八万点の新刊が出版されている。実は、本は全然売れていないというわけではない。実際、都会や地方の中核都市の少し大きな書店に入ると、壁という壁、平台という平台に、まさに汗牛充棟とでもいうべき本の洪水を目にする。最近は、陳列方法をよく工夫している書店も多く、読み手の便宜を図ってくれる。

読んでみようか、と思わせる決め手はいくつかある。新聞や雑誌の書評、宣伝、書き手の知名度、本の装丁、価格、厚み、でき具合などなど。文学系の本なら、読者が読んでみようかと思う主要な判断材料になるのが、芥川賞や直木賞などの数ある文学賞の受賞作品だろう。ところが、いつのころからか、テレビで顔を知られているタレントや芸能人に本を書かせて売りまくる商法が出現した。そうした有名人の書いた本や、無名のかわいらしい高校生の「みずみずしい感性」をアピールした小説が、いつ創設されたかも定かでない「文学賞」の受賞作として大々的に宣伝されるようになった。そうしたタレント本やら文学賞の乱立傾向は単なるブームに過ぎず、やがて衰退していくと考えていたら、実はむしろその逆で、年を経るにつれて出版界の主流を占めるようにさえなってきた。

なぜか。それは出版社が「売れる本」をつくろうと腹をくくったからではないか。そう思わせるほどに、出版界を商業主義が席巻しているようにみえる。

そこでは出版社はメーカーである。そして読者は消費者である。ゲームのルールは単純明快だ。買ってくれさえすればいい。どうしたら買ってくれるのか。それを考えて本をつくる。読んでくれなくても、とにかく買ってくれさえすればいい。そのためには、まるで何年かするとモデルチェンジをして再び購買意欲を扇っては売りまくる自動車のように、本が書かれ、本がつくられ、流通経路を動き回り、本が売られる。文学賞とはすなわち、消費者の購買意欲をあおるための心理装置に過ぎない。そういう傾向が強まった、のではないか。

読者はどのくらいの年齢の女性または男性で、どこに住み、学歴はどれくらい、年収はどれくらい。独身か、既婚か、子どもの有無は、どんな雑誌やテレビ番組に関心を持っているか……。まさに自動車を売るように、本はあらかじめ読者を想定してつくられる。これを書きたいという書き手の情熱、内発的な思いから本が生まれるということがなくなったとは言わないまでも、マーケティングに重きを置いて本がつくられる傾向が強まったようにみえる。実際、そのほうが、売り上げの予想が立てやすく、出版社は安心できる。売れるか売れないかわからない本に投資するギャンブルは、できれば敬遠したい。

あなたは書店に行く。棚の前で本の背を読む。著者名を読む。棚から抜き出して、あるいは平積みから取り上げて、ぱらぱらとページをめくる。そして気に入れば買い求める。それは一見、あなたが自主的に本を選びとった行動のように見える。しかし、そうだろうか。実はあなたが選び取った本は、あなたが興味を持って棚から選び出し、買い求めることだけを目的に、緻密に設計されただけの本なのかもしれない。

みんながベストセラーを読みたがるわけではない。たしかにそうだ。しかし多くの人が買って読むからベストセラーになる。

こうした商業主義の台頭は、もちろん本の売り上げを伸ばすために始まった。ところで売り上げを伸ばし購買層を広げるためには、よりわかりやすい内容の本をつくるという意味での大衆化の進展が不可欠だ。しかしながら、こうした行き過ぎた商業主義あるいはセンセーショナリズムは、本来は多様なはずであった出版文化のうち、大衆化が進行する以前の主潮流の一つであった教養主義的伝統へのニヒリズムを増幅させずにおかないから、いわば誠実な読者、敢えていえば「良質な」読者は拒否反応を起こし、新刊から離れていくだろう。

緻密なマーケティング戦略に基づいてつくられた本は、ときに何万、何十万という大ヒットを生む。当たればでかい。しかし当たりは少ない。それゆえ、リスクを最小化するには、例えば名の知られた作家に次々に書かせる。または「文学賞」を利用して常にアイドル作家を量産する。そうしないと商品を生産し続けることができないからだ。つまり、こうした世界において、本とは消費されるべき商品である。それは刹那的快楽を提供するものではあっても、ときに読み手の人生そのものを決定づけるエネルギーを秘めた爆発物としての意味を到底、もち得ない。

三　新しい図書館

東京の新宿駅を出発して塩尻駅に着くまでを中央東線、塩尻駅から名古屋駅までを中央西線という。東京駅と名古屋駅を結ぶ幹線・中央線を二つに分ける重要な駅が塩尻駅ということになる。しかしこの線路のつながり方が、塩尻駅前に災厄をもたらした。一九八二（昭和五十七）年に塩尻駅が引っ越したのである。それ以前の駅は、今よりも数百メートル新宿寄りにあった。ちょうど、「人」の字の右下に旧塩尻駅はあった。このため、名古屋（左下）から松本・長野方面（上）に向かう列車は、スイッチバックをして向きを変え、つまり左下から一度は上に向かい、次に右下に降りて旧塩尻駅に止まってから、再び松本・長野方面に向かって上に向かい、篠ノ井線に入らなければならなかった。このスイッチバックを解消するために駅を北側に動かしたのである。ところがこの引っ越

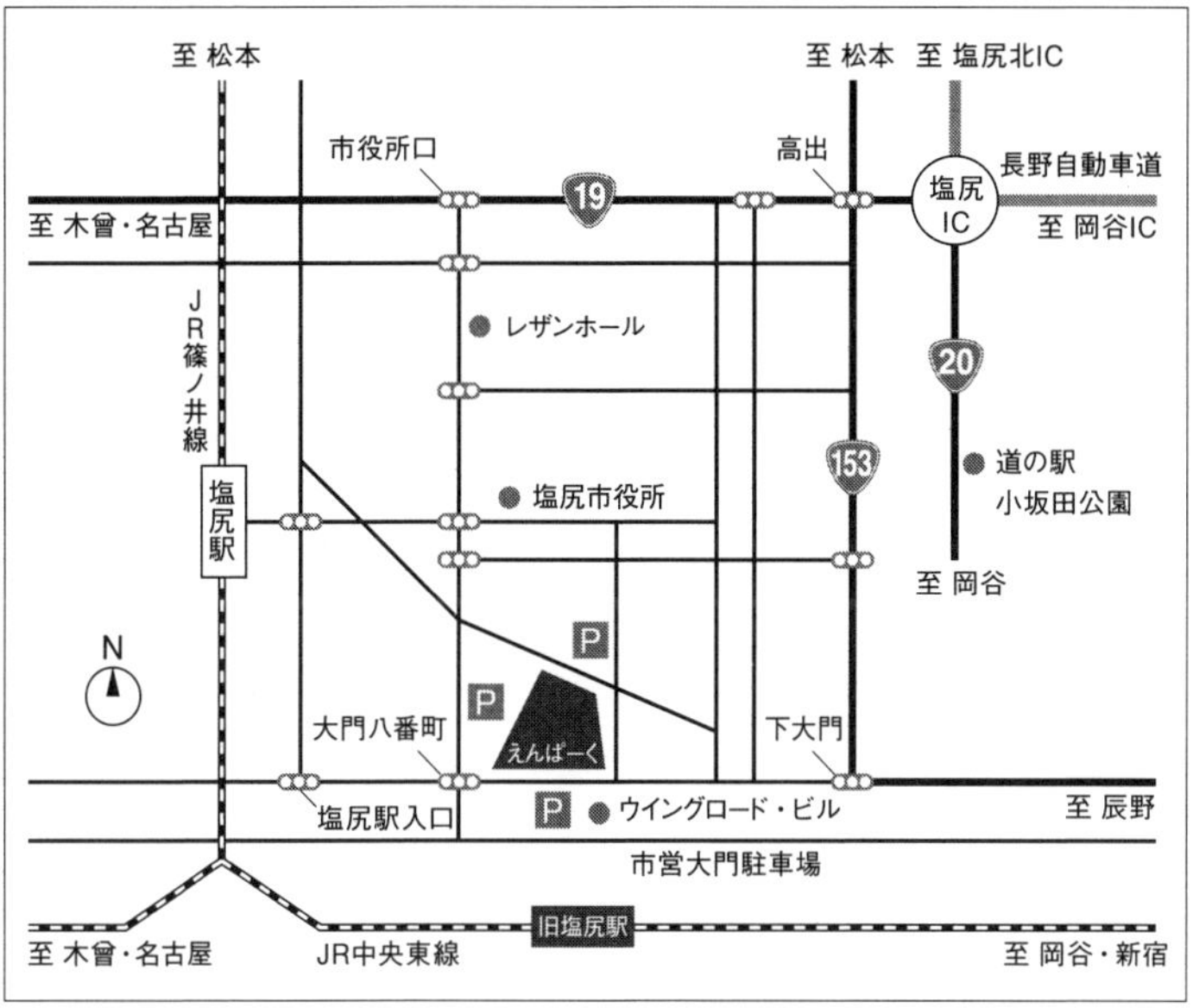
至 松本
至 松本　至 塩尻北IC
市役所口
高出
長野自動車道
19
塩尻
IC
至 木曽・名古屋
至 岡谷IC
JR篠ノ井線
レザンホール
20
153
道の駅
小坂田公園
塩尻駅
塩尻市役所
至 岡谷
N
P
P
大門八番町
えんぱーく
下大門
塩尻駅入口
P
ウイングロード・ビル
至 辰野
市営大門駐車場
旧塩尻駅
至 木曽・名古屋
JR中央東線
至 岡谷・新宿

「えんぱーく」地図

しにより、駅前の商業環境は激変した。

おおざっぱにいうと、旧駅前に広がっているのが大門中央通り地区である。現在の駅から徒歩約十分の位置にある。全国展開する大型商業施設は一九九三（平成五）年、この地区に進出した。にぎわいを取り戻す活性化策の一つとして期待されたが、これにより地区の商店街が打撃を受けた側面も否定できない。実際、この大型商業施設は、後述の新図書館を中核とする「塩尻市市民交流センター」の真向かいにあり、相乗効果が期待されたが、二〇一〇（平成二十二）年二月、センターが開館する五カ月前に撤退した。

塩尻駅で下車して東口の駅前ロータリーに立つと、閑散とした風景に驚かされる。だがこうした事情は、なにも塩尻に限ったことではない。長野県内では、中央自動車道、長野自動車道の高速道路の整備により、地域の交通事情は劇的に変化した。駅前は、かつては地域の交通、人の動きの中心だったが、今や交通手段は自動車に重点が移り、商圏は駅から離れた幹線道路沿いに移った。朝夕の通勤・通学時こそ駅前には人が行き交う。しかしそうした時間を除くと、人影はまばらだ。もちろん、商店主の高齢化や空き店舗の増加などのおきまりの事情も抱えている。

こうした状況を打開するために市が考えたのが、中心市街地活性化基本計画であり、とりわけこの大門中央通り地区の活性化こそ「中心市街地活性化のリーディングプロジェクト」と位置づけられた（『新都市』都市計画協会機関誌、Vol.63 No.5 2009, pp.86-88）。

一方、塩尻では、手狭で使いにくい図書館を何とかしようという動きが始まっていた。以前の図書館は、一九八一（昭和五十六）年に竣工した「塩尻総合文化センター」三階にあった。センターは公民館として設計された施設で、元々図書館として使い勝手のよい建物ではなかった。このため、二〇〇三（平成十五）年に、公募で集まった市民二十一人と市、図書館でつくる「市立図書館の在り方ワーキンググループ」が、塩尻市のあるべき図書館の姿について検討を始めた。

グループは一年間に三十回以上の会議を重ね、専門家の話を聞き、明科町（現・安曇野市）、大町市、松本市、さらに埼玉県鶴ヶ島市の図書館にまで出向いて勉強を重ねた。その結果は二〇〇四（平成十六）年三月に公刊された全二十一ページの提言書にまとめられた。

提言書には、それまでの図書館の問題点が列挙されている。すなわち、

▽床面積は全国の基準値と比べ二十九パーセントと狭く窮屈で使いづらい。床面積が小さいので書庫に置かれた図書が多い。

▽車椅子が利用できるのは、本館と、市内に八つある図書館の分館のうち三館のみ。

八分館全ての整備が必要。
▽二、三階に位置しているので、障害者・高齢者はじめ全市民にとり不便。
▽蔵書は現在約十五万冊（本館）で、重さ約八十一トン。地震の際に心配。
▽図書館費が少ない。市の一般会計予算の一パーセントが望ましい。
▽分館のサービス網が不十分。市内全域でのサービス網の拡充が必要。

さらにこの提言書で注目すべきなのは、図書館で働く職員、とくに館長職への言及があることだ。提言書には、「館長は読書が好きであると共に司書資格のある幅広い知識や経験を持つ人であることが望まれます。然るに塩尻市の実状は、司書資格のない人が殆どで、一般の行政職の異動の一環として決まってきています。これからの図書館を運営する館長は、図書館運営に情熱を持って意欲的に取りくむ人であるとともに、自分なりの識見や抱負を持って、ことに当たる館長が望ましいです。上記のような人に図書館長になっていただくために、先進図書館で実施しているように、公募によって図書館長を選任していくことも一つの方法です。また、館長としての社会的地位を高めていくとともに、その任期も、長期にわたってやる（例えば五年以上）ようにしていくことが必要です」と、具体的な条件を列挙している。

関係者によれば、この提言書は、以前の図書館が、例えばエレベーターが一つしかないとか、小さな子どもを連れた母親たちに評判が芳しくなく、すでに収納スペースも満杯だったことなどから検討が始まったもので、あらかじめ新しい図書館の建設を念頭に置いてまとめられたものではないという。

しかしこの提言書のエッセンスは、塩尻市教育委員会が二〇〇六（平成十八）年四月にまとめた「塩尻市立図書館基本計画」に引き継がれる。大筋で、提言書に盛られた市民の要望は、図書館基本計画のなかで市が目指す方針として公認されることになったのである。

基本計画が、先の中心市街地活性化との関連で、提言書に比べさらにもう一歩踏み込んだといえそうな点は、「基本計画」に例えば「図書館は買物、通勤、通学などの、住民の日常生活において、容易に立ち寄れる生活動線上に建てること、また、十分な駐車スペースが確保できることが望ましい」との一文があることだ（第五章「図書館規模と新たな図書館網」）。このように、少なくとも現在の視点から見れば、基本計画が描く新図書館の立地のイメージは、中心市街地かそれに相当する場所であることをうかがわせるに十分である。

基本計画が出たのは二〇〇六年四月。その年の九月に行われた市長選挙では、まさに

「市民交流センター」を中心市街地活性化施策とすることの是非が、最大の争点となった。静かな読書の場であるべき従来の図書館を、にぎわいを呼び込むための装置として利用しようというプランだと受け止められたことから、様々な意見がでた。しかし選挙の結果、計画の推進を訴えた現職が再選を果たした。センターの建設計画実施が支持されたものと受けとめられた。

四　立ち寄りたくなる場

「塩尻市市民交流センター」（愛称・えんぱーく）は二〇一〇（平成二十二）年七月、総事業費約五十一億六千万円を投じて開館した。敷地面積は約五千平方メートル。地上五階地下一階のビルの総床面積は約一万二千平方メートル。建築主は、大門中央通り地区市街地再開発組合で、市は床の九割を約三十五億七千万円で購入し、市民交流センターをつくった。このセンターのなかに、図書館、子育て支援・青少年交流、シニア活動支援、ビジネス支援、市民活動支援の五つの機能を備えた施設が入り、それぞれが図書館を積極的に利用しつつ互いに補完、連携して相乗効果を生み出すことが期待されている。それは、「知恵の交流を通じた人づくりの場」というコンセプトにまとめられている。

図書館は地下一階(約一千二百六十平方メートル)の作業室・閉架書庫・機械室など、一階(約三千二百五十平方メートル、子育て支援センター、売店などを含む)、二階(約二千二百三十平方メートル、会議室、市民交流センター事務室などを含む)の三フロアで構成されている。二〇一四(平成二十六)年末時点の蔵書数は約四十万冊(中央館)。人口約六万八千人規模の自治体の中央図書館としては、充実した蔵書数といえる。「本の寺子屋」講演会の場となる多目的ホールは三階にある。

「えんぱーく」は、中心市街地活性化という至上命題を担ってスタートした。JR塩尻駅東口から徒歩約八分の至便な立地ではあるが、地方都市で人を集めるためには、どうしても駐車場が必要だ。えんぱーくには、通りを挟んで三階部分で連絡通路によってつながった市営の立体駐車場(二十四時間営業、約五百台収容)が確保されている。「えんぱーく」利用者は六時間無料扱いである。さらにこの駐車場は、スーパーマーケットなどの商業施設と隣接しているため、利便性は一層高い。

建築は明るく開放的で閉鎖空間が少ない。柱の代わりとなる厚さ二十センチの板状の壁が視線を遮らないように配置されているほか、吹き抜けの多用により一階から三階まで垂直的に見通すことができる。

「えんぱーく」が人を呼び寄せる仕掛けは多い。音楽練習室、調理ができる食育室、市民活動に利用できる会議室、サロン、ハローワーク、屋上の展望広場、芝生広場など、アイデアが満載だ。しかし、図書館こそがこの複合施設の中核的存在である。ではその図書館は何を市民に提供できるだろうか。どのような魅力をアピールできるのだろうか。

これからの地域の図書館をどのようにつくっていけばよいのかを考えるため、公募で集まった市民二十一人が「ワーキンググループ」をつくり、専門家の話を聞き、資料を読み込み、勉強を重ねた。その結果をまとめた提言書が二〇〇四（平成十六）年に市長に提出された。市はこの提言書などをもとに、市立図書館基本計画を二〇〇六（平成十八）年にまとめた。それによれば、将来の図書館のイメージは、「市民の暮らしに生きる図書館」である。それはまた、市民が抱える様々な問題を解決できるだけのサービスを提供できる「課題解決型図書館」である。そうした条件が整って生まれるのが、「ゆったりしたスペースがあり、立ち寄りたくなり、様々なメディアを利用することができ、親子が等しく利用でき、緑の環境があり、ボランティアが活躍できる図書館」である。

塩尻市立図書館 1F の様子

これが、基本計画が提起している新たな塩尻市立図書館のイメージだった。

たしかに総論としてみたとき、これらの言葉はバランスがとれており美しい。しかしそれが「基本」計画である以上、具体性を欠くことはやむを得ない。それでは新たな図書館は一体、どのような具体的企画を市民に提供することができるのか。

前館長の伊東直登さんはいう。ただカウンターで待っているだけでは、図書館の利用者を増やすことはできない。図書館員一人一人が、アイデアを持ち寄り企画を立てていくようにならなければ、本を中心に人が集まり、交流するという新図書館像を実現することはできない。

施設が大きく美しく、機能的であるに越したことはない。しかしそれは決して図書館が備えるべき本質的な条件ではない。魅力のある図書館、毎日通いたくなる図書館。その条件を決定づけるのは、図書館で働く人たちの仕事の中身である。それこそが、一人でも多くの市民に図書館を利用してもらおうという目標を実現できる。そしてそのための企画の目玉こそが、「信州しおじり　本の寺子屋」だった。一過性ではない、年間を通じた連続企画を提供すること。しかもその「本の寺子屋」を通じ、市民が本との新たな関係を創り出し、文字通り「知恵の交流ができること」でなければならない。

塩尻市立図書館 1F の様子

コラム●さらば「静粛！」の墨書

私語を交わすと怒られるのが図書館だという刷り込みの根は深い。小学校の図書室の壁には、半紙に「静粛！」と墨書した紙が貼られていた。受験勉強をしていた地域の図書館で、私語をやめない連中をにらんだ記憶がある。

静粛であれ。いわんや飲食など言語道断。戒律厳しき修道院もかくやという厳粛な雰囲気があってこその図書館。もし今もそう思い込んでいたなら、それはアナクロニズムである。

中心市街地活性化策、にぎわいをまちに取り戻すための施設として図書館がクローズアップされ始めて、ずいぶんと時がたった。図書館に「にぎわい」を求める時代なのである。

「本の寺子屋」の会場・塩尻市立図書館は、会話可能なスペースと静粛性を維持すべきスペースが用意されている。図書館と市民交流センターは、いわば一体化しており、図書館スペースから少し歩けば飲食も可能だ。何しろ図書館一階にはおいしそうなパン屋さんが出店し、軽食を提供するカフェもある。

図書館が入る市民交流センター「えんぱーく」は、ゆったりつくられている。二～三人が使える丸テーブルの足下には、パソコン用電源もある。卓上に図書資料やノート、パソコンを広げた若者が、アイポッドにつないだヘッドフォンで音楽を聴きながら、電子辞書を手元に英語の勉強をしていた。ノートの脇にはサンドイッチとペットボトル。もちろん図書館のサービスも利用できる。施設は新しい。開放的でデザインもしゃれている。平日なら午前九時から午後十時まで利用できる。

パソコンの操作音など、利用者が出す音についてはもちろん、利用者の良識、図書館の気配りが必要だが、それにしても、まさに書斎代わりだ。この施設ができるまで、地元の高校生は町のなかで憩える場がなかったという話を聞いた。今や彼らがうらやましい。

この図書館は、旧来の図書館の機能を維持しながら、友だちと憩う場、書斎、談話室としての役割も果たしている。それこそが活性化の仕掛けということなのだろう。実際、老若男女の別なく、利用者は多様で、平日の昼過ぎでも人影は絶えない。そしてそういう図書館から見たとき、「信州しおじり　本の寺子屋」は市民の生活の拠点を、さらに豊かにする重要な仕掛けなのである。

「静粛！」の墨書に象徴される禁欲主義と、最新の機能を備えた図書館の、にぎわい重視主義。両方を知る身としては、どちらも捨てがたい。

両者の違いは何かと問われれば、昔の図書館の本棚に置かれた本の、威厳ある誇り高き佇まいと、パソコン、電子辞書、ペットボトル、ヘッドフォンと仲良く机の上で共存する親しみやすい本の姿との違い、ということになるだろうか。

第二章 — 夜明け前

鳥取県米子市の「本の学校」が主宰したシンポジウムの記録集。白い表紙の本

一　塩尻を舞台に

長田さんが出版社を退職し、長野県安曇野市内に転居したのは二〇〇七（平成十九）年六月。引っ越して暫くすると、以前、仕事上のやりとりがあった地元紙の関係者からの依頼で、この地元紙の主催するセミナーの講師役を引き受けることになった。会場は松本市、諏訪市、伊那市、飯田市の四カ所。講師として呼ばれると、その土地を探検したくなる。とりわけ書店、古書店、図書館を巡るのが習性だ。例えば幕末から明治期にかけ、伊那谷を放浪した井上井月という俳人がいた。その井月を厚遇した伊那谷、現在の伊那市内には、地域の文化的伝統を育てようと努力している個性的な書店が多く、地元の企業も地域文化の保護・育成に熱心だ。そんなことを、足を使って学んでいった。

一方、このような活動が始まることにより、編集者として長い経験を積んだ男が安曇野に移り住んだということが徐々に知られるようになる。いつの間にか、長野県内各地の図書館から講演を依頼されるようになっていた。いくつかの図書館から電話や手紙で講師依頼の話が舞い込んだ。しかし、話し手の様子や文面に接してみると、こうした主催事業に熱心な図書館と、必ずしも熱心とはいえない図書館があることに気づいた。彼我の差は歴然たるものがある。市町村に勤務する地方公務員にとり、図書館勤務は必ずしも行政職のメイン・ストリームとはいえない。だから若くして図書館に異動すると意欲を失いがちになる職員もいれば、退職間近だから波風を立てず、穏便に役人生活を終えることを考えるベテランもいる。もちろん、工夫を凝らして図書館を活性化させようと知恵を絞っている職員もいる。職員のそうした雰囲気は、館内にいると何となく感じ取れるものだし、もちろん長田さんも、電話や手紙で、また実際に足を運んでみて感じることだった。

そうした経験を重ねるなかで、図書館運営に最も熱意を感じたのが、塩尻市立図書館だった。だが、塩尻の図書館という名前で思い出すもう一つのできごとがあった。

安曇野市は長野県のほぼ中央にある。北アルプスを望む美しい田園風景で知られる。人口は約十万人。県内十九市中ほぼ中規模だ。数字だけ見るとほどよい大きさの暮らしやすい場所ともいえそうだ。

安曇野市は二〇〇五（平成十七）年十月、豊科町、穂高町、明科町、三郷村、堀金村、が合併して誕生した。長田さんが移り住む二年前である。このため市としての中心市街地と呼べるものは当時見当たらず、中核的な機能を担う図書館もなく、専門書を置いているような書店は、隣の松本市まで行かねばならなかった。松本は県中部の中心都市である。筑摩書房創業者の古田晁《あきら》、評論家の臼井吉見、作家の北杜夫、辻邦生などを輩出した旧制松本高等学校以来の文化的伝統がある。こういうわけで、松本市内の病院に通っている長田さんは病院からの帰途、少し暇があると、駅から国宝・松本城に向かって十分も歩く。すると、古書店や書店のある通りに至る。

その日も長田さんは、いつものように、松本市内をぶらぶらと古書店巡りをしていた。すると、馴染みの古書店主から興味深い話を聞いた。塩尻の図書館長がしばしばふらっと店に現れては、本を買っていくのだという。もちろん、図書館の蔵書として買う本もある。「なに、図書館が本を買うのに古本屋さんから買うのですか」。そう聞くと、そうだという。そういうことなら、その図書館の棚を見てみたいものだと思い、ずっと引っかかっていた、と長田さんは話した。まだ見たことのない塩尻の市立図書館の館長への好奇心が生まれた。それは、「こういう人なら、会って話をしてみたい。問題意識を共有できるかもしれない」という期待感に変わっていった。

安曇野市が松本市の北隣なら、塩尻市は松本市の南隣である。江戸時代より中山道、善光寺街道、三州街道が通り、幹線道路や鉄道が通る交通の要衝だ。そういうところはきっと、文化の交流地点でもあったのではないか。実際、幕末期の激動に取り残される辺境のインテリの苦悩を描いた島崎藤村の『夜明け前』の舞台である木曾は、中山道でつながる塩尻との縁が深い。また、江戸時代後期の民俗学者、菅江真澄も一時期、塩尻の洗馬に住んでいた縁がある。政治・社会情勢はもちろん、あらゆる首都のニュースがいち早くもたらされるという意味で、塩尻は都会に開かれた「信州の窓」ともいえる土地柄だ。

病気の治療のため、長田さんは安曇野に移り住んでからも月に一度は東京都内の病院に通っていた。治療を終えると、信州に向かう特急「あずさ」が発着する新宿駅近くのホテルのロビーや喫茶店で、仕事のつきあいがあった作家で詩人の辻井喬、作家の立松和平や評論家の松本健一、顔見知りの編集者や新聞記者らとのおしゃべりの機会を設けていた。

長田さんは、実は安曇野に転居する前から、図書館を拠点にした本の寺子屋的な活動を漠然とイメージしていた。

ただ、その活動を展開すべき場所がまだ絞り込めないでいた。風光明媚な伊豆の小島に移り住み、そこでささやかな寺子屋を始めようと憧れていた時もあった。しかしある時、病院帰りの新宿でその話を辻井にすると、彼は、「海辺というのは、旅人として暫し留まるのがよいところです」と話した。つまり、時に思索や執筆、気分転換のために海辺を訪れることはあってよいのだが、住み暮らし、かつ今、自分が温めているような構想を実現する場所としては必ずしも適切ではないのでは、と彼は問いかけたのである。それを聞いて、なるほどと思った長田さんは、それでは海でなければ山、というわけでもないのだが、東京からそれほど遠くない土地で、両親の出身地でもある長野県に居を定めようと決めた。

二　活性化の目玉

しかし、そもそもなぜ図書館が中心市街地活性化の施設として注目されるに至ったのか。

前市民交流センター長で前市立図書館長の伊東直登さんは、「なぜなら、およそ公共施設のなかで、図書館が一番、人が集まる施設だからです。体育館でもなく公民館でもなく、圧倒的に図書館こそが、人を呼び込める公共施設なのです」と話す。

現在、北海道から沖縄県まで年間六百から八百人の図書館関係者が塩尻市立図書館を視察に訪れるという。一日平均で二〜三人の割合だ。なぜ彼らは来るのか。それは、塩尻の図書館がやろうとしている図書館づくりを、その方向性を全国の図書館関係者が認めてくれているからではないか。

伊東さんは、「どこの図書館でも、読書が大好きな方は、人口の一割程度です。建物があって、本があって、職員がいれば、人は来る。しかしそれは住民の一割なのです。その利用者を、我々は五割にしたい。それも、一年のうちに図書館の何らかのサービスを利用した、という人を住民の五割にしたい。そういう図書館運営をしたいと我々は考えています」と話す。欧米の図書館では普通に起きていることだが、日本では非常にハードルが高く、現在のところ、登録者でさえ五割に満たないところもあるという。

登録者とは、貸し出しカードを持っている人の数、ということだ。最初に一冊借りただけであとは一度も来館しない。それでもその人は登録者に数えられる。そのなかで、塩尻市立図書館は、登録者だけでなく、レファレンスサービスや、講座の出席者など、図書館が提供する多様なサービスの利用者を全住民の五割にしようと試みている。

一年のうち一度は図書館を利用した住民を全体の五割にしたい。では、そのために図書館がしなければならないこととは何か。

今まで図書館に足を運ばなかった人は、それが「今までの図書館」だったから来なかった。そうではない図書館の姿を提示し、こんな図書館に来てみませんか、利用しませんかとアピールし続ける。しかもその戦略は、スポーツあり、哲学あり、歴史ありの多彩な戦略でなければならない。図書館は森羅万象の知識を取り扱う。そもそも市民の関心は多様だ。その多様な市民全体を利用者として図書館に惹きつける。そうしなければ、だれもが訪れる図書館にはならない。

しかし、図書館のスタッフは限られている。例えば天文学のテーマで図書館をアピールしようとする場合、天文学に詳しい職員はいない。ではどうするか。そういう専門家とつながり、その人と図書館の事業とを結びつけていけばよい。そういうマネジメントができることこそが、これからの図書館員のイメージだ。カウンターに立ち、利用者に笑顔で接する。館内の快適な環境を維持する。それは基本に過ぎない。本当にやらなければならないのは、さまざまな専門を持つ館外の人々、すなわち地域住民とのネットワークをつくり上げることだ――。伊東さんはそう話す。

図書館の職員は自分たちで考え、議論し、これまでにさまざまな企画を試みた。図書館の事業として医師や弁護士を招いて専門の話を聞いた。その際には関連の蔵書をピックアップし、参加者にわかりやすいように陳列した。常にさまざまな分野の専門家とつながり、図書館でその情報を提供する。例えばジャズコンサートを図書館で開く。そのときも、会場にジャズや音楽の関連資料をそろえる。そうしないと、図書館の事業にはならない。図書館の主要な業務は資料の提供だ。だから、図書館に行けば、求めている情報やその手がかりがきっとつかめる、地域住民の間にそういう信頼感を築きあげなければならない。

地域の人々を惹きつけ、新しい利用者を掘り起こし、月に一度は図書館に通ってもらう。そのためには図書館の外の、地域の人々と積極的につながり、彼らの知を取り込んでいく。

そのような新しい図書館の新しい試みの中心的事業こそが、「信州しおじり　本の寺子屋」だ。

三　穂高の冬の夜

ＪＲ大糸線穂高駅は、五月の連休ごろから十月終わりの紅葉までのシーズンこそ、多くの観光客でにぎわう。登山やハイキング、トレッキング、あるいは自転車で安曇野の風に吹かれながら、点在する道祖神や小さな美術館巡りなどを楽しみ、自然を満喫しようという人がたくさん利用する駅だ。しかしシーズンオフともなると、厳しい寒さに風雪もあり、人影はまばらになる。その駅前のロータリーに面して、貸自転車屋兼カフェ「安曇野ひつじ屋」がある。コーヒーがおいしいというので、長田さんは特に人もまばらな静かな時期の午後を過ごしにしばしばやってきた。店長の高橋博さんは、作家・村上春樹のファン。ハルキ熱が昂じて、店の名前も「ひつじ屋」にしてしまったほどだ。店が閑散としたある冬の午後、手持ち無沙汰の高橋さんが、コーヒーを飲みにやってくる長田さんと言葉を交わすのに、さして時間はかからなかった。

長田さんは決して饒舌な人ではない。それどころか本人がたまにいうように、「職業柄、名の知れた作家との付き合いができるからこそ、話をするときは気をつけなければならない。そういう人たちを知っていると、何か自分までが有名人であるかのように勘違いする輩を多く見てきた。私はそういう愚かで醜悪なことはしない」。それが長田さんの人付き合いの基本的ルールの一つだ。

とはいえ、訥々とした口調のその話は聞く者にとってはなんとも興味深い。信州に来てから長田さんと知り合った周囲の人々は大抵、長田さんが語る若い時分の作家たちとの恐ろしいほどの暴飲ぶりに呆れるとともに、せめて自分たちと話をするときの酒の容量くらいは残しておいてほしかったと残念に思う。本人はおくびにも出さないが、コーヒーでは調子が出ないという風情がいやがうえにも伝わってくる。それでも折に触れて長田さんがぽつぽつと語る話の中身に、高橋さんは、自分一人が聞くのではいかにももったいないと思った。「どうでしょう、この時期、店も暇ですし、一つ『長田ゼミ』を開講しませんか」と長田さんに提案した。冬場の閑散とした穂高を知る長田さんは「観光以外でも何か人を集められる企画ができるなら」と快諾した。これが「信州しおじり本の寺子屋」につながる導火線の一つだ。

二〇〇八（平成二十）年二月十七日。「ひつじ屋カレッジ『長田洋一ゼミ』」第一回は、午後七時から、店の入る雑居ビル四階の部屋で始まった。ゼミを案内するチラシに掲載された歌人・福島泰樹の言葉が目を引く。「文学盛んなりし時代の編集者の香りをこの人は、いつも漂わせている。人々が、直向きに生きた時代の香りだ」。福島さんは五年後の二〇一三（平成二十五）年七月、講師として「本の寺子屋」に招かれ、短歌を絶叫した。この穂高の夜は、冷たい雨が降るなか、約六十人が集まった。

長田ゼミは一時間ほど「なんとなく、日本文学」と題して長田さんが講義をし、その後、小説家の江宮隆之さんが「作家の眼　編集長長田洋一の貌」と題して語った。長田さんの蔵書の一部を店に持ち込んで貸し出しもする、にわか図書館も企画した。二回目は三月十六日。第一部は「日本文学な午後」と題し長田さんが講演した。第二部は、旧知の新聞記者が長田さんの仕事について語った。六十人が精一杯の場所なのだが、いずれの講義もほぼ満員の盛況だった。

三回目は「特別編」として六月八日、百二十人を収容する地域の音楽ホールを借り、作家の立松和平さんと文芸評論家の黒古一夫さんを招いた。二人の話に約百人が聞き入った。このときのテーマは、「文学の可能性」。取材に訪れた記者に長田さんは、「即物的なベストセラーランキングで、作品を推し量っていいのか。読者参加型の議論を通じ、東京中心ではなく地方から語りだしてみたい」と語った。長田さんはこのとき、まさに「信州しおじり　本の寺子屋」の理念を一部先取りして語っている。

四　邂逅のとき

二〇一一（平成二十三）年半ばの、ある日の午後。塩尻市立図書館二階の館長の席にいた内野安彦さんは、一階のカウンターにいた職員から呼び出しを受けた。館長にお会いしたいとおっしゃるお客様がお見えです、という。

「この図書館には館長室はないのです。席はありますが。それで、呼ばれたもんだから階段を降りていった。信州って、よくいるんですよ。館長いるかいって呼び出す人。それで、よくやってるなとほめてくださる。あるいは、一言いいたいことがあるという人。（自分の古巣の）茨城じゃあ考えられないんですが。ともかく、けっこう呼び出される。

そういうわけで、ああ、今日はほめられるのかな、怒られるのかなと思いながら階段を下りたわけです。まあ、茨城だと、大抵は怒られるのです。信州に特徴的なのは、呼び出して、ほめる。これは茨城ではないですね。もう一つ、信州では、『館長先生いるかい』と呼ばれる。これは独特なんです。『先生』がつくときは、ほめられるときです」と内野さんは話し始めた。

とにかく本が好きで図書館が好きな内野さんは、図書館長職も含め二十八年つとめた茨城県の鹿嶋市役所を五十歳で退職し、家族を置いて、二〇〇七（平成十九）年、だれ一人知る人もない信州にやってきた。「鹿嶋市役所にしてみれば、役所の一兵卒が他市からヘッドハンティングされるというのは珍事です。私を迎え入れる塩尻市にとっても、初めての中途採用の管理職で、しかも最年少の管理職であったようです」（内野安彦『塩尻の新図書館を創った人たち　われら図書館応援団』ほおずき書籍、二〇一四年、P9）と本人は説明する。それもこれも、「旧市街地の活性化のために、図書館を核とした複合施設をつくる。このプロジェクトの遂行に当たり、図書館建設の指揮をとってほしい」といわれ、それを受けたからだ。

そして二〇一〇（平成二十二）年七月に新館が開館してから約一年が過ぎたころ、一階のカウンターに、長田さんがアポイントもなくふらりと現れたのである。あいさつもそここに、長田さんは内野さんに言った。

「私は、南進してきたのです」

「どちらにお住まいですか」と内野さんが聞いた。安曇野だと長田さんは答えた。安曇野市、松本市の図書館を巡って、さらに南の塩尻までやってきた。「南進」とは、そういう意味だと内野さんは解釈した。

「ご自宅からここまでは、ずいぶんありますね」と言葉を継いだ内野さんは、長田さんの仕事を聞いた。長田さんは、「雑誌や本の編集をしております」と答えた。この返事で、内野さんの心のスイッチが切り替わった。

「これは、面白い話ができそうだ、とそのとき感じました」と内野さんは話した。案の定、図書館の書棚を眺めていた長田さんは、個人全集のコレクションが充実していることを賞賛した。

「ここはいい。個人全集がよくそろっていますね」と長田さんは図書館のコレクションを評価した。

内野さんはいう。「こういう評価をしてくださる方は、まずいないのです。たしかに、県立図書館よりも個人全集をたくさんもっている。長田さんはそれをしっかりと見て、評価をしてくださった」

内野さんは本と図書館が好きで、四十歳を過ぎて働きながら図書館情報大学（現・筑波大学）の大学院で公共図書館と出版流通の関係を研究した。それゆえ、初対面ではあっても、編集者の長田さんの話に反応するセンスを備えていた。さらにこのときの長田さんの申し出は、内野さんのこれまでの主要な関心と重なるところが多かった。内野さんが大学院で研究していた際に知った鳥取県米子市の今井書店が展開した「本の学校」は、実は長田さんの抱く「本の寺子屋」構想に大きな影響を与えた試みでもあった。

その「本の学校」が主宰したシンポジウムの成果をまとめた『大山緑陰シンポジウム記録集』の話を内野さんが始めたとき、長田さんは、「ああ、あの白い表紙の本ですね」と応じた。内野さんは思わず、「そう、白い表紙の本です」と答えた。

当時を思い出した内野さんは、「いや実際、白い表紙の本までご存じの方に出会うとは、思ってもいませんでした。ああこの方は『白い表紙の本』でわかる方なんだな、と思いました」と話した。

長田さんは、「本の学校」から着想を得た書き手と読み手の交流の場という構想を、内野さんに説明した。そのなかで、著名な作家、詩人、評論家の名前が次々に挙げられた。長田さんが名前を挙げたようなスターが、本当に塩尻に来てくれるのだろうか。内野さんはにわかに信じがたい気持ちになった。

長田さんはこともなげに応じた。

「来てくださいますよ」

「午後の早い時刻にお見えになって、二時間もお話ししたでしょうか。私のほうが帰したくなくなっちゃったくらいでした」と内野さんは話した。

これが開講の約一年前のできごとだ。内野さんは続けた。「何しろ、急いでいた時期だったのです。来年度の図書館の事業のための予算案をつくらなければならない時期だった。なんとしてもこの企画の予算を獲得しなければならなかった。それで、無理をいって長田さんにずいぶん通っていただきました」

実は長田さんと出会う以前から、内野さんには密かに温めていた構想があった。それはこの図書館、そして「えんぱーく」を、全国の図書館員を集めて学習機会を提供する研修・学習の場にしようという構想だった。それは鳥取の「本の学校」が、そもそもは書店員の学習の場として構想されていたのと似ている。その図書館員版を内野さんは考えていた。

なぜそんなことを考えていたのか。

「なぜなら、この『えんぱーく』は、そもそも地域の活性化の核として生まれたからです。それがこの施設の宿命です。よって、カネを生み出さねばならない。そのためには、集まった人たちを市内中心部に宿泊させなければならないのです。このアイデアをなんとか実現できないものかと、部内で密かに検討していた折りでもありました」と内野さんは話す。これが後の「信州しおじり　本の寺子屋」のなかに、図書館員向けの講座「図書館司書講座」が組み込まれる背景である。

もう一つ、事情があった。内野さんは二〇〇七（平成十九）年四月に塩尻市立図書館長となったが、館員に知らせないまま、二〇一一（平成二十三）年初めには勧奨退職願を提出しており、二〇一二（平成二十四）年三月末に退職する意思を固めていた。そのため、「本の寺子屋」の準備作業には、当時、副館長だった伊東直登さんが加わった。

コラム●新しい書店とは

旧制松本高等学校のあった松本市内の場所は今、緑が豊かな「あがたの森公園」として整備されている。そのなかに旧制高等学校記念館が建っている。その資料のなかに、裸電球がいくつか点灯しただけのほの暗い書店のなか、白線帽に分厚い眼鏡をかけた旧制松本高校生が立ち読みに没頭する写真を見つけた。

書店は鶴林堂書店。一八九〇（明治二十三）年に創業した市内の老舗だ。古田晁と盟友・臼井吉見が、当時は松本城二の丸にあった旧制松本中学（現在の松本深志高校）に入学したのは一九一八（大正七）年。高校へは臼井が一九二三（大正十二）年、古田が翌年に入った。「町に出たら本屋に入るのが当然だった」という高校ＯＢの話を読んだが、まして二人は文学熱に浮かされていたわけだから、恐らくは文芸雑誌の立ち読みなどのため、鶴林堂書店にもよく通ったことだろう。

この書店は、市中心部を流れる女鳥羽川沿いの四柱神社の隣にあった。当時、城にあった中学からは目と鼻の先、高校からも川沿いの縄手通りをぶらぶらと十五分も歩けば着く距離だ。

現在、松本市内には松本高校などを母体にした信州大学松本キャンパスがある。高校も多い。学生が多いから、書店としては申し分のない立地だった。しかし鶴林堂書店は二〇〇七（平成十九）年二月、百十年以上の歴史を閉じた。閉店間際には、地上十一階地下一階の無人のビルの汚れが目立ち、目抜き通りにあるだけに痛ましさを増していた。

地元書店ばかりでなく、やはり城に近い大型商業施設で一九八六（昭和六十一）年に開店したリブロ松本店も、二〇一五（平成二十七）年八月に閉店した。

活字離れ、郊外型店舗の進出、インターネットによる書籍購入など、書店衰退の原因はさまざまだろう。

二〇一一（平成二十三）年十二月にＪＲ松本駅前に開店した丸善松本店（三千三百平方メートル）は、長野県内でも屈指の大型店舗だ。広い売り場面積に大量の蔵書・文具を並べ、カフェなども備える販売戦略は、全国展開する大企業だからこそ推進できるものだろう。とはいえ、人を呼び込むためにあれやこれやと知恵を絞るが、大規模店でも経営は非常に厳しいのだという。

白線帽の旧制高校生が薄暮の書店の裸電球の下で立ち読みする姿は詩情を誘う。

しかし書店にやってくる人はごく限られ、本を買おうという人は減り続けている。規模の大小にかかわらず、このままでは書店自体が消えていくと予測する業界人もいる。

書店は地域の財産だ。ならば、そこにより多くの人が集まる仕組みを地域全体で創る取り組みをすぐに始めなければならない。

第三章 ―― 温泉の湯のような

古田晁記念館入り口（塩尻市）

一　人生の寺子屋たれ

「本の寺子屋」という名前は、当時の内野図書館長、そして伊東副館長ら図書館の職員と長田さんの会合のなかから生まれてきた。

二〇一二（平成二十四）年二月の日付がある文書『「（仮称）信州しおじり　本の学校」について（案）』には、「本の寺子屋」のほかに、「ビブリオスクール」「ビブリオカレッジ」「本の学び舎」「ライブラリーカレッジ」などの名称案が列挙されている。このなかから「本の寺子屋」という名称が決まった。

モデルとしていた取り組みは、鳥取の「本の学校」だったので、最初のころは「（仮称）信州しおじり　本の学校」としていた。しかし自分たちの取り組みに偉大な先行者が用いている「本の学校」という名前を借用することに躊躇する気持ちがあった。

そこで、図書館の内部で、「学校」に代わる新たな名称を考案することになり、そのなかに図書館職員だった矢澤昭義さんが考えた「信州しおじり　本の寺子屋」があった。検討の末、これでどうかと、長田さんに提案したところ、「これでいきましょう」ということになったという。

長田さんは「なんとなく、鳥取に悪いなあと思った。そもそも名前よりも中身の議論を優先させていたこともある」と話した。「あるとき、長野県池田町で講演をしたときに、信州は全国的に見ても寺子屋が非常に多かった土地柄であることを知った。それがあったので、出てきた寺子屋という名称は、とくに異論なく決まったと思う」と話す。

実際、「至る所にある寺子屋」というイメージは、市町村が地域で運営する公共図書館のイメージと重なるところが多い。辻井喬さんに顧問をお願いしようと手紙でやりとりしていたときに、寺子屋の名を紹介したところ、辻井さんは長田さんに「君の考えていることにぴったりの名前だね」と話した。

その辻井さんは、長田さんの依頼を受ける形で二〇一一（平成二十三）年十二月、「本の寺子屋」の賛同者になること、初年度のパンフレットの開講の辞を執筆することを引き受けた。ほどなく「本の寺子屋」開講のパンフレットに寄せる一文「人生の寺子屋」が届いた。それは、「本当の図書館は、ただ本を読む場所ではなく、昔の寺子屋のように、

「本の寺子屋」開校に寄せて

辻井 喬　*Takashi Tsujii*

(詩人・小説家・(公社)日本文藝家協会副理事長・(社)日本ペンクラブ理事)

人生の寺子屋

　本当の図書館は、ただ本を読む場所ではなく、昔の寺子屋のように、そこで人生について語り合い学ぶ場所であって欲しいと思います。図書館がその意味で地域の人々の集まる場所になった時、文化は栄え、わが国はGDPの数値に頼らない充実した国家になるに違いありません。これは新しい幸福の出現です。

永井 伸和　*Nobukazu Nagai*

(NPO法人　本の学校理事長・今井書店会長)

塩尻市立図書館の挑戦にエール!

　高度情報化、国際化の波に、地域が音も無く崩れつつあります。
　大きな潮の変わり目に、自立した市民と地域を育む、大学、図書館、書店、各種教育・文化施設の協力は不可欠です。知の地域づくりへの夢をともにできることに感謝し、エールをおくります。

熊沢 敏之　*Toshiyuki Kumazawa*

(株)筑摩書房代表取締役社長)

「本の寺子屋」開校に寄せて

　えんぱーく。素敵な命名の図書館が7万人弱の市を活性化してきました。充実した開架の放つ美しさ。読書も談笑も享受する若者たち。でも、ハードウェアの提供だけ?「本の寺子屋」は読者と著者・出版社とを結ぶ、もうひとつの知の媒介の試みです。創造的発信に注目!——本の未来がいま、この場所から開かれようとしています。

常世田 良　*Ryo Kotoyoda*

(立命館大学文学部・(社)日本図書館協会理事)

本の寺子屋=知の寺子屋

　書店、出版社、図書館など「知の拠点」を結びつけて、文化の創造、発信を行い、そのことを通じて地域の多様な発展を実現しようとする企てに敬意を表します。
　市民交流センターのコンセプト「知恵の交流を通じた人づくりの場」にも沿うとともに、歴史上交通の要衝、文化の行交う場所であった塩尻らしい事業です。成果に期待いたします。

初年度パンフレットの「開講に寄せて」

そこで人生について語り合い学ぶ場所であって欲しいと思います。図書館がその意味で地域の人々の集まる場所になった時、文化は栄え、わが国はGDPの数値に頼らない充実した国家になるに違いありません。これは新しい幸福の出現です」という祝辞である。

長田さんによると、学び舎とか学校という「学」のついた名称、いわんや「大学」というような名称は考えなかった。権威や権力とは縁のない、江戸時代の庶民が読み書き算盤を習った場という寺子屋のもつ民衆性は、図書館を舞台に展開しようとするこの企画の本質を突いていた。辻井さんの「君の考えていることにぴったりの名前だね」という言葉から読み取れる賛意には、そうした民衆性への敬意と親しみがある。同時に、偉い人の前で頭を垂れてものを教わるという一方通行の学校教育のようなイメージ、権威のにおいを忌避しようという辻井さんのメッセージをも感じた、と長田さんは話す。

さらに特筆すべきなのは、学校と違い、この寺子屋には卒業がないということである。

先の資料の「趣旨」には、「この学校は図書館でさまざまなことを学び、人と出会い、そして、新たな心の糧を得られるよう、講演、イベント等を通じて喧伝していくもので、単発のイベントを適宜行うのではなく、講義計画（シラバス）として事前に情報提供することで、図書館を生涯のキャンパスとして楽しんでいただくものです」と記されている。従来からいわれていた生涯学習の場としての公共図書館の役割を、寺子屋という場を生み出すことによって、より明確かつ具体的なイメージを与えようとしていることがうかがえる。大学のシラバスに相当する通年の事業日程を事前に利用者に明らかにするという姿勢はその現れだ。こうして、卒業することのない「生涯の」キャンパスとして「本の寺子屋」は構想された。

こうした「本の寺子屋」のイメージが形づくられるにあたり、長田さんの参考になった先行事例がいくつかあった。

とりわけ鳥取県米子市を中心に二十年以上の活動実績をもつ「本の学校」の影響が大きい。株式会社今井書店グループ（本社・同市）が開設した「本の学校」は二〇一二（平成二十四）年から活動主体がNPO法人化された。その活動の指針の一つとして「地域の学び場」の拡充を挙げている。指針は、「市民と地域の自立を育む図書館、書店、教育研究機関との協力による知の地域づくりと地域や組織をこえたネットワークによる学びの場を拡充します」と宣言している。地域や組織を超えた、とは出版社、取次会社、書店、図書館のネットワークを意味している。

この「本の学校」は、先にも触れたように、長田さんと内野さんの最初の対話のなかで共通の話題として出てきたものだ。

二〇一二年一月六日、塩尻市立図書館が新年度（二〇一二年度）から、「本の学校」事業（仮称）を始める、という記事が全国紙の社会面に掲載された。その後、「本の学校」の創設者、永井伸和さんから、図書館に電話があった。内野さんはそれまで、永井さんと会ったことはもちろん、話をしたこともなかった。しかし、受話器の向こうの永井さんは、旧知の間柄のように、自らが鳥取県米子市で始めた事業が、長野県塩尻市の図書館の新事業に大きな影響を与えたことを喜んでいたという。同年二月二十三日付で長田さんが永井さんから受け取ったメッセージには、「この度の出会いに、ご縁のありがたさを強く感じています。（米子を訪問した塩尻の図書館のスタッフ）との出会いは、（米子市にある）皆生《かいけ》温泉の湯のように、心の芯までも、いつまでもぬくもりを残しています」と書かれていた。永井さんの開講のメッセージには、「高度情報化、国際化の波に、地域が音も無く崩れつつあります。大きな潮の変わり目に、自立した市民と地域を育む、大学、図書館、書店、各種教育・文化施設の協力は不可欠です。知の地域づくりへの夢をともにできることに感謝し、エールをおくります」と書かれ、パイオニアからの応援に勇気づけられた。永井さんは開校式にも米子から参加するほどで、その応援姿勢は、関係者の大きな支えになった。

「本の学校」のほかにも、長田さんが編集者として交流の深かった作家・中上健次が主唱した「熊野大学」、さらに作家で環境問題に取り組む市民活動家の松下竜一が発行した「草の根通信」などの試みが参考になった。それは図書館を中心に書き手と市民（読み手）が交流し学び合うイメージを醸成する事例であり、交流のある作家たちの活動を間近で見た編集者としての長田さんを刺激した。

図書を中心にした単なる読書会や勉強会ではない。そこには書き手がおり、作品に触れた読み手がいる。本を媒介にして書き手と読み手が地域でつながるイメージである。

そのつながりの場として図書館を位置づけるのが、「本の寺子屋」だ。その実現には、長田さんが構想する本のつくり手の思いだけでなく、図書館側の思いも重なる必要がある。

内野さんは、図書館は良書のセーフティネットでなければならないという（『図書館はラビリンス』樹村房、二〇一二、P67）。「全国に約三千ある公共図書館がそのような心構えを維持していれば、出版社は、自らが良書と信じる本を出版することができる、そういう仕組みをつくらなければならない」と内野さんは述べ、図書館長としての矜持を示した。その二人が話し合いを重ね、目標を共有することで信頼関係が築かれた。そして図書館員をはじめ、周囲の人々にその熱意と信頼感が伝わっていくことにより、「本の寺子屋」が追求する「本の可能性」は拓かれていく。

二　古田晁という誇り

公益社団法人・日本図書館協会によると、二〇一五（平成二十七）年現在、国内の公共図書館は約三千二百六十館ある。それぞれが地域に根ざした歴史をもつ図書館であるにもかかわらず、必ずしも地域の独自性が感じられないとの指摘がある。そして、それには同協会発行の『市民の図書館』（昭和四十六年刊）の影響があるとの指摘がある。この『市民の図書館』は、公共図書館が地域のなかで一定の存在感を獲得するために大きな役割を果たしたという（岡本真・森旭彦『未来の図書館、はじめませんか？』青弓社、二〇一四）。敗戦後の日本がようやく高度経済成長の恩恵を享受し始めたころ、地域の誰もが無料で図書を利用でき、勉強することもできる、いわば「公共の書斎・勉強部屋」としての図書館の価値を広く国内に敷衍することに大きな影響を与えたとして、『市民の図書館』

には一定の評価がある。当時は、施設自体は立派なものとはいえず、さらに多様な目的を持った人が集まる場である以上、利用者のマナーとしての静粛性が尊重されるようになったということは想像できる。一方、岡本・森はこの本で、戦前の図書館に見られた館ごとの個性が、この「アメリカ型の公共図書館思想」によって平準化されたと指摘し、そこから、これからの公共図書館は、地域ごとの個性をより鮮明に打ち出すべきだとの主張が導かれる。

実際、我々が生活している地域社会は、四十年前とは比較にならないほど変化した。その地域社会の変化は当然、公共図書館に新たな役割を求め始めた。

では図書館が地域のなかで果たすべき新たな役割とは何か。その一つの答えとして、塩尻市立図書館が構想したのが、地域のにぎわいのなかにあり、たんに図書資料のサービスというにとどまらない、市民が交流し知的刺激を受けることのできる情報センターとしての位置づけだった。

しかし、それだけのことなら、例えば東京都内の図書館でも、長野県内の図書館でも、たいした違いはない。それぞれの図書館が、基本的なサービスの充実を目指しながらも、どのように地域の特色を備えるか。たしかに従来の図書館にも地域・郷土資料は備えられていた。しかしそれをこれまで以上に柔軟に活用し、アピールする方法として、「本の寺子屋」はユニークな試みを展開している。

塩尻市立図書館（本館）は、先に触れたようにＪＲ中央本線・篠ノ井線塩尻駅から徒歩約八分の中心市街地にあり、市内に八館ある分館の中核館と位置づけられている。さらに特筆すべきなのは、「古田晁記念館」が図書館のネットワークの一環として機能している点だ。記念館長は市立図書館長が兼任している。

筑摩書房創業者の古田晁は、作家の井伏鱒二をして「太宰治の莫逆の友」と言わしめ、一九四八（昭和二十三）年六月二十一日、三鷹市下連雀で営まれた太宰の葬儀の席上、「人間の真実を求める者のみが負ふ、孤独と悲しみは、遂にあなたの御命を絶ちましたが、人生に対するあなたの誠実と至純は、必ず人人の一つの指標となると思ひます。あなたの文学の真価を更に世に問ひ、後の世に残すために、私共は涙をはらつて、自らの仕事を進めるのみです」と弔辞を読んだ男である（塩澤実信『古田晁伝説』河出書房新社、二〇〇三年、pp.169-174）。

記念館は、塩尻市と辰野町の境にある古田晁の生家だ。一九〇六（明治三十九）年に生まれた古田は、旧制松本中学、旧制松本高校を経て東京帝国大学文学部を卒業し、三十四歳で人文科学系出版社・筑摩書房（現本社・東京都台東区蔵前）を創業した。一九七三（昭和四十八）年に没するまで、高校の同窓生であった臼井吉見をはじめ、多くの作家、評論家らを生家に招き交流を深めた。こうした文学者らとの交流は、たんなる社業の発展にとどまらず、広く塩尻の名を世に知らしめることとなった。古田の名と業績が今も心ある塩尻市民の誇りの源泉となっているゆえんである。一九九六（平成八）年に市は遺族から記念館の寄贈を受けた。そしてこの生家で営まれた作家らとの交流を示す書簡などの資料を展示することで、古田の生家は市立の記念館として同年十月三十日、新たな生命を与えられた。また遺族から寄贈された筑摩書房の出版物など約一万七千点をもとにした「古田晁文庫」は、現在、本館で所蔵している。これも塩尻市の図書館でしか持ち得ない特色の一つだ。

「古田晁記念館文学サロン」は、開館の一年半後、一九九八（平成十）年六月二十一日に始まった。生家を公開し資料を展示して記念館をつくったというだけでなく、現代の文学思潮に少なからぬ影響を与えた古田晁の業績を地域の人々が学び合うための場としてサロンは始まった。

古田という出版人が塩尻に生まれ育ち、その資料を所蔵する記念館が図書館のネットワークの一翼を担っていることが、塩尻市立図書館のユニークさを際立たせている。実際、古田は昭和を代表する文学者を信州とつなぐ結節点ともいえる出版人であり、「古田晁記念文学サロン」では、「信州しおじり　本の寺子屋」が開講する以前から、古田晃をテーマにした展示や講演会を企画していた。「本の寺子屋」が開講してからは、事業の一環として位置づけられている。

三　マスコミを巻き込む

「信州しおじり　本の寺子屋」は二〇一二（平成二十四）年七月二十九日に開校した。図書館には、様々な資料がある。図書、雑誌、新聞、映像・音楽関連など、媒体は多様である。「本の寺子屋」はこのなかで、「本」に着目する姿勢を鮮明にしている。毎年配布されるパンフレットには、「本の寺子屋」の「趣旨」として、「講演会、講座等のさまざまな事業を通じて、『本』の可能性を考える機会を広く提供する」「活字離れと言われる昨今の状況に対して、著者、出版社、書店、図書館などが連携して本の魅力を発信し、出版文化の未来に寄与するために、図書館を『本の寺子屋』とし、読者も含めてこ

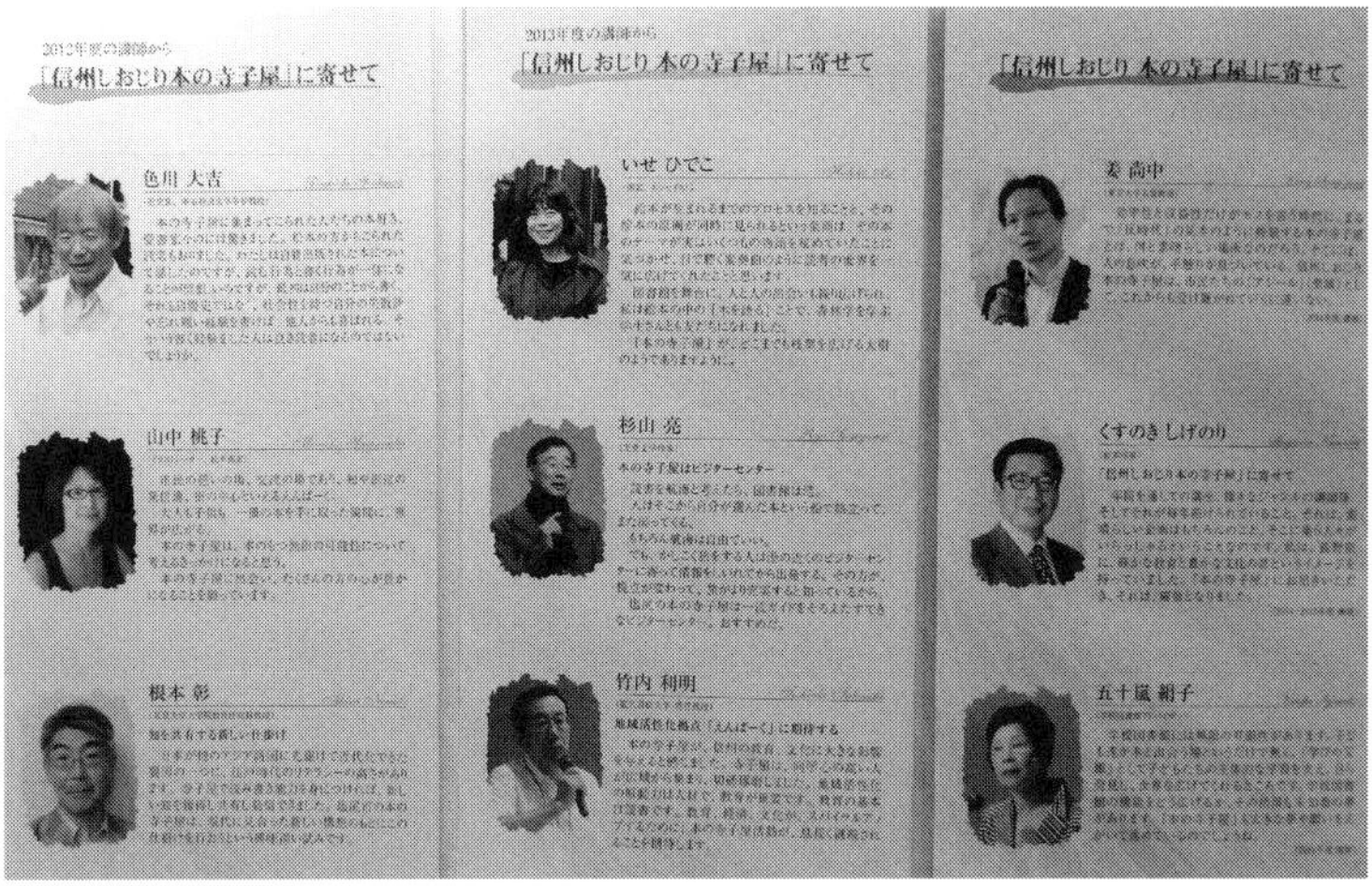

「本の寺子屋」パンフレット（左から第二回、第三回、第四回）

こに集う人々の知恵の交流を促すことで、地方発の文化の創造と発信に挑戦したい」と記されている。

「出版文化」という言葉を用いた内野さんによれば、「図書館と出版社だけではない、書店などを含め、本でつながる様々なプレーヤーの一つとしての図書館が本の可能性を左右する。その意味で、『寺子屋』を出版文化の未来に貢献する拠点としたい」との意図が「趣旨」に込められている。

「本」の可能性というテーマを考える。それは、活字離れと呼ばれる現象の本質、読まれない理由を、書き手、つくり手、売り手、図書館、読み手それぞれの立場から立体的に学び合い、その対話、検討のなかから本という媒体の将来の可能性を見いだそうという試み、と読めるだろう。

従来、図書館で開かれる講座や講演会のほとんどは単発だった。しかし「寺子屋」は「学校」である。「学校」を標榜する以上、そこには少なくとも年間のシラバスが必要だ。年度の初めに、いつ、だれが、どのような講演をするのかが、受講者に告知されなければならない。そのため、毎年、開講前にはＢ４判三つ折り裏表のパンフレットが配布される。そこには、何月何日にどのような講座・講演会が開かれるのか、またどのようなテーマの企画展がいつ頃予定されているのかが表記されている。また、前年の主な講師の写真付き横顔も掲載された。パンフレットは市内各所に置かれたほか、市外の図書館にも周知を図った。また新聞やテレビなどのマスコミに対しても積極的な広報活動を展開した。

図書館で「『本の寺子屋』を始めます」というお知らせをすれば、図書館の利用者には周知される。しかしそれでは広がりがない。出来るだけ多くの人に図書館に来てもらうという目的を達成するためには、マスコミを利用するのが賢明なやり方だ。そのため、地元紙や全国紙の地元支局、テレビ局の協賛（名義後援）を依頼する。こうしておけば、「本の寺子屋」が展開する講演や対談、企画展が紙面やローカルニュースに載りやすくなる。日頃、図書館と縁のない人たちに情報を届けるためには、それが最も効果的な方法だろう。

　塩尻市と市教育委員会は開講の三カ月前の二〇一二（平成二十四）年四月二十五日、記者会見を開き、「信州しおじり　本の寺子屋」の趣旨や内容を発表した。記事はいずれもこれを好意的に取り上げた。特筆すべきは読売新聞である。同紙はこの記者会見に遡ること三カ月半、同年一月六日付社会面三段の囲み記事で、「出版文化発信『本の学校』」「新年度から塩尻図書館」「筑摩書房創業者の生誕地から全国へ」との見出しで全国に紹介した。この記事が契機となり、鳥取県米子市の「本の学校」の永井伸和さんとの交流が生まれたことは先に述べた。

　「本の寺子屋」開校後も、各紙は折りに触れて講演会のお知らせを掲載するなど、長野県内の新聞が図書館の話題を取り上げる場合、塩尻市立図書館のニュースが圧倒的となった。こうした広報戦略は、将来の図書館利用者の掘り起こしに大きな貢献をした。同時に、近隣の図書館関係者の関心も呼び起こした。

四　あの方がおみえになる

来年度の図書館の事業として、「信州しおじり　本の寺子屋」を予算化しなければならない。長田さんから話が切り出され、にわかに「本の寺子屋」が事業として現実味を帯びたのが前年の初秋だったので、時間は限られていた。いつ、だれを、どう呼ぶか。そもそも塩尻のような小さな町に、本当に来てくれるのか――。講演予定者との連絡、交渉の主立った部分は、主として長田さんが対応した。一方、内野さんは市の上層部の了承を取り付け、館員とともに、予算獲得のための説明、資料づくりなどの準備作業に忙殺された。「本の寺子屋」の企画は了承され、市の重点事業として位置づけられた。図書館の事業が市の重点事業になるのは異例だ。一方、市の事業としての「本の寺子屋」である以上、予算案は当然、市議会で認められなければならない。市議会でも趣旨を説明し協力を取り付けた。内野さんはいう。

「なぜこれを、なぜ塩尻でやらなければならないのかという、いわば当然の疑問がある。そこから説明を始めたのです。たしかに、市議会で議員に企画を説明しなければなりませんでした。けれども、例えば、先生方に『先生もよくご存知の、評論家のあの方がおみえになります』などといえば、先生方の多くは『おお、あの人かい。もちろん知っているとも』などと頷いてくださった。予算案を通すという点では、思いのほか、円滑にことは進んだと思います」

二〇一二(平成二十四)年七月の開講にあわせ、「本の寺子屋」の準備は急ピッチで進んだ。初年度のパンフレットに掲載する開講への祝辞を寄せたのは四人。それは、書き手として、また書店、出版社、図書館で長く仕事をしてきた四人である。

先に触れた詩人で小説家の辻井喬さん、鳥取県米子市の「今井書店」会長でNPO法人「本の学校」理事長の永井伸和さんは、書き手として、書店人として開講を祝福した。また、古田晁記念文学サロンの講座を「本の寺子屋」のシラバスに含める縁から、筑摩書房代表取締役社長の熊沢俊之さんにも祝辞の執筆を依頼した。熊沢さんは、「えんぱーく。素敵な命名の図書館が7万人弱の市を活性化してきました。充実した開架の放つ美しさ。読書も談笑も享受する若者たち。でも、ハードウェアの提供だけ?『本の寺子屋』は読者と著者・出版社とを結ぶ、もうひとつの知の媒介の試みです。創造的発信に注目！――本の未来がいま、この場所から開かれようとしています」と開講の祝辞を寄せた。

元千葉県浦安市立図書館長で立命館大学文学部教授の常世田良さんからは、図書館人の立場から「書店、出版社、図書館など『知の拠点』を結びつけて、文化の創造、発信を行い、そのことを通じて地域の多様な発展を実現しようとする企てに敬意を表します。市民交流センターのコンセプト『知恵の交流を通じた人づくりの場』にも沿うとともに、歴史上交通の要衝、文化の行き交う場所であった塩尻らしい事業です。成果に期待いたします」とのメッセージが寄せられた。

一方、長田さんは旧知の書き手に「本の寺子屋」の趣旨を説明し、講演を依頼した。テーマは、「本の可能性を考えたい」だ。このテーマに沿って話をして欲しい、と頼んだ。「本の寺子屋」は講演会だけではない。そこには対談があり、内野さんが構想を温めていた図書館員のための専門的知識を養う講座も取り入れた。さらに、様々な企画展や、以前から行われていた「古田晁記念館文学サロン」もラインナップの要素として取り込んだ。

だがそもそも、企画マンとしての長田さんは、どのようなイメージを念頭に、「本の

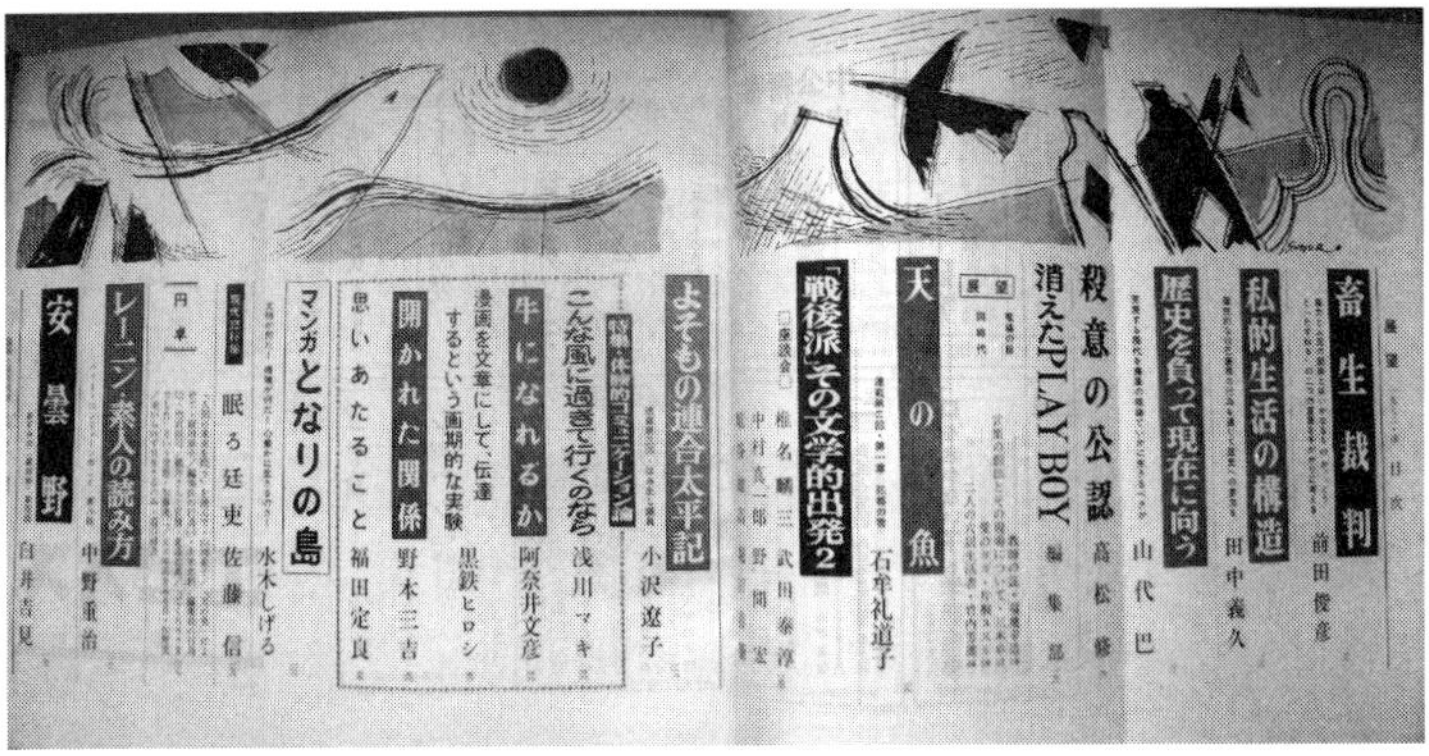

「展望」1972（昭和47）年4月号の目次

寺子屋」の年間計画を組み立て、講演者の人選をしてきたのだろうか。

すると、いかにも文芸誌の編集長をしていた長田さんらしい答えが返ってきた。

長田さんは、総合雑誌の目次を念頭に置いて年間計画を立てるという。そういわれてみると、三つ折りの見開きのパンフレットは、総合雑誌の巻頭の見開きの目次を思わせる。バランスよく、できるだけ多くの分野を配置よくちりばめて読者（受講生）を飽きさせないようにする。それはまさに、総合雑誌の見開きの目次のイメージだ。

総合雑誌といっても、特定の雑誌である。それは古田晁が社長を務めていた筑摩書房が出していた、そして臼井吉見が一時は編集長を務めていた『展望』だという。

本筋からやや外れるが、臼井吉見は『展望』一九五〇（昭和二十五）年十二月号に「文芸の売れない理由」という一文を書いた。そのなかに、「ともかく小説がむやみに読まれ、むやみに売れるので、作家が傑作どころか、小説をかくひまがなくて、小説ふうなものを大量生産していることになっていると思います。作家は書きとばし、出版社は売りとばし、読者は読みとばす。この循環は、卵と鶏とどっちが先かと同じことですが、僕はどうも、戦後にわかにふえた小説好きの読者の小説の読みかたに関係があるように思えてなりません」というくだりがある（「臼井吉見集1　展望・1946──51戦後文学論議」筑摩書房、一九八五、P260）。もちろん時代状況は全く異なるが、臼井が見ている当時の書き手と読み手の関係には、長田さんの指摘と似たところがあるようだ。

本題に戻ると、それでは『展望』は、ほかの総合雑誌、たとえば岩波書店の『世界』や文藝春秋社の『文藝春秋』とどう違うのだろうか。

長田さんによると、『展望』は、リベラルかつペダントでアカデミズムに傾斜した岩波書店の『世界』や、保守的立場を堅持しつつ、抜群の販売部数を維持するために、万人に受け入れられる大衆性も意識した『文藝春秋』のような一定の傾向を持った雑誌ではないという。

『展望』は敗戦の翌年から五年間と、一九六〇（昭和三十九）年から十四年間だけ出版

「展望」（1972年4月号）所収

された。基本的には左派リベラルとでもいうべき立場の作家・評論家の文章を集めた雑誌だ。しかし例えば一九七二（昭和四十七）年四月の見開きの目次をみると、右には「苦海浄土」で水俣病問題を追及した石牟礼道子の連載「天の魚」や、戦中から戦後にかけての文学者の思想的動向をテーマにした座談会などがある。一方、左側には「ちっちゃな時から」などの独創的歌唱で知られる歌手・浅川マキや、漫画家・黒鉄ヒロシのエッセー、そして水木しげるのマンガが並ぶ。この硬軟併せもつ守備範囲の広さが『展望』の特徴を表している。この方針に従って、一つのジャンルにこだわらず、純文学系作家からノンフィクション作家、絵本作家、詩人、研究者までを含め、受講生の知的好奇心を十分に満足させようというのが、長田さんの狙いであり、このような趣旨を説明し、了承した書き手が、初年度の出講者として固まっていった。

開校式は七月二十九日。初回の講演会の講師は評論家の佐高信さん。演題は「本が変える風景」と決まった。

コラム 「博徒」の系譜

古田晁の父・三四郎は自らの遊興のせいで豊かであった塩尻の家を傾かせた。借金で首が回らなくなり米国へ単身、出稼ぎに行った。苦労の末に一発逆転を狙い、西海岸で博打場を開いた。これが当たった。筑摩書房の開業資金の相当部分はここから出たという。三四郎は博打に活路を見いだした。一か八かの勝負に出て、勝った。そのおかげで筑摩書房が生まれた。

その子の古田晁は出版界という博打場で勝負し続けた。賭けるのは人だ。父の博打とは違う。これはと思う人を見つけ出し、理屈抜きに惚れ込み、助け、励ました。長田洋一さんは学生時代、一度だけ古田晁を見たことがある。「飲みに行こう」と先輩に誘われ、東京・神田の「霧笛」という店に行くと、店の奥に古田はいた。歌人として知られていた先輩が、長田さんを紹介した。「こっちはただの学生。あちらは筑摩書房の古田晁。そりゃあ緊張しました」

それから半世紀近くが過ぎた。塩尻の市立図書館で開講する「本の寺子屋」の年間計画を練っている長田さんが、参考になると名前をあげたのは『展望』の目次だ。『展望』は、筑摩書房が発行していた雑誌。長田さんが編集に関わった「古田晁伝説」（河出書房新社、二〇〇三年）のあとがきで、著者の塩澤実信は、「彼（古田）は、採算を度外視しても第一級の著者による、第一級の本をつくることを念願とし、全能力・全財産を、出版という仕事に傾注して悔いなかった」と書いた。

晁の次男は、父について「金のことを言うのはいかんという無言の教えがありました。家庭ではなにしろ無口でしたが、『男はべらべらしゃべるな』と、『金のことは言うな』と言われていました」と語ったという。

採算を度外視しても、いい本をつくろうとする男。家では子に「金のことは言うな」と繰り返した男。こういう男は、おそらく金もうけという意味での博打には強くないだろう。経営者である以上、計数管理は必要だ。しかし金もうけしか考えないのなら、出版などやる意味はない。金をもうけた、失ったというだけのギャンブルほどくだらぬものはない。

本当の博打とは、あの太宰治の才能を見抜き、信じ、育てあげるということではないのか。実際、古田晁がそれをしなければ、我々の知る太宰治は存在しなかったのである。

長田さんは古田晁との対面について、「ほんの二十分くらい、何を話したかも覚えていない」と話した。ただ、ずいぶん大きな人で、楽しそうに酒を飲んで、大きな手で握手されたことを覚えているという。かっこいい男なのである。

第四章 ― ご近所を刺激してます

「えんぱーく」が位置する塩尻駅周辺の様子

一　市外の受講生も応援

「信州しおじり　本の寺子屋」講演会に参加した塩尻市内外の受講生の評価は、図書館がアンケート用紙を配布して回収、分析している。項目は、講演内容、開催曜日・時刻の適否、これまでの受講回数、回答者の性別、年代に加え、最後に「本の寺子屋」と塩尻市立図書館についての自由記述欄が設けられている。これまでに回収された自由記述欄に記された「本の寺子屋」への評価としては、例えば次のようなものがある（同図書館の許可を得て転載）。

●二〇一三（平成二十五）年五月二十六日　評論家・松本健一氏の講演

▽六十代男性（安曇野市）「本の寺子屋」は大変素晴らしい企画です。講師になる方

は私にとって大変興味深く、寺子屋で勉強する気分になります。塩尻図書館の創意に感謝です。

▽四十代男性（長野市）はるばる来ただけのことはありました。ありがとうございました。

▽七十代女性（塩尻市）最初から最後までとても面白く、時を忘れて聞き惚れました。

●同年八月十一日　画家、エッセイスト・いせひでこ氏の講演

▽六十代男性（松本市）市の図書館でこのような企画があることに驚きを感じました。絵本のなかに表面だけでないいろいろの想いがあることを知りました。

▽五十代女性（安曇野市）「本の寺子屋」の活動が安曇野市や松本市の図書館に刺激を与えていると思います。図書館が難しい時（指定管理とか資料費の削減）を迎えていると思うので、いい方向に向かう力になると思います。

●二〇一四（平成二十六）年八月二日　信州大学名誉教授・酒井潤一氏の講演

▽七十代男性（塩尻市）本日は大変勉強になりました。特に小中学の子どもたちの将

来のために、「本の寺子屋」を強力に推進するようお願いしたい。

▽二十代女性（塩尻市）夏休みの宿題に使う小学生がいると思うので、今日の講演のまとめたものを配ればわかりやすく説明が聞けると思う。

▽四十代女性（松本市）参加できてよかったです。ぜひ博物館へ行って実物を見てみたいです。機会があれば発掘にも参加してみたいです。

▽五十代女性（塩尻市）著名な方の講演会でも参加しているのは一部の方に限られているような気がする。まだ一度も図書館に来たことがない方がたくさんいるので、そういう方に足を運んでもらう工夫が必要なのでは。

●同年九月二十八日　瀬戸内市教育委員会、新図書館開設準備室長・嶋田学氏

▽六十代女性（池田町）（受講生の）学びの姿が羨ましく感じられます。もう少し近ければよいのに。

●同年十月十九日　聖学院大学学長（当時）姜尚中氏

▽五十代女性（塩尻市）作家の生のお話が聞ける貴重な機会をありがとうございました。希望しても当たらないと入れないのが残念、という声が多いです。会費が必要

となっても、大きな所でできないでしょうか。
▽二十代以下女性（朝日村）とても面白かったです。「読むということは、出会うということ」という言葉、大切にしたいです。
▽七十代女性（塩尻市）とても広く、深いお話でした。学長（授業も？）という重責がありながら、このような小さな町まで、本当に有り難かったです。本は出会いであり心であり遺言のようなものだとのお話は、感動しきりです。もっと大勢が聴けるようにレザンホールで開催してほしかったです。
▽三十代女性（塩尻市）お話のなかに出てくる本を、全て読んでみたいと思いました。
▽六十代女性（塩尻市）実にもったいない。素晴らしい講師を呼んで、良い話が多くあるにもかかわらず、大した宣伝もなく人を集める努力もない。市民が自分たちで開こうとすれば、時間もお金も自前ですから必死です。広い場所で多くの人に訴える熱意を持っていなければ、「こぢんまりとしてよい」という講師の感想の前に自己満足を広げていると、本どころか文化すら市民のなかに広がることはないと思います。
▽六十代女性（白馬村）今回、聞きたくて、通訳を付けて欲しいとのお願いに応えて

くださりうれしかったです！　これからもいろいろと参加したいと思います。ありがとうございました！

●二〇一五（平成二十七）年六月二十一日　対談・ノンフィクション作家・鎌田慧氏と同・吉岡忍氏

▽六十代女性（伊那地域）住んでいる地域は有名無名に限らず、強く関心を持てる方々との出会いの場が少な過ぎる。たまたま地元の図書館で今回のチラシ拝読。初めて入館させてもらいましたが、ユニークで館内に活気があり、年代も様々。本大好き人間なので、また参加させていただきたい。

▽七十代女性（長野市）大変知名度のある講師が毎年見えるので、長野市からわざわざ聴講に伺うかいがあります。

▽六十代女性（安曇野市）講師の先生の呼吸音が感じられるほどの小ホールでとてもよかったです。

●同年九月二十八日　和歌山大学附属図書館長・渡部幹雄氏

▽三十代女性（大町市）図書館職員のため、月曜に開いてくださりありがとうござい

ました。

●同年十月四日　筑摩書房に関する著作のある作家・永江朗氏

▽五十代女性（松本市）図書館がまさに人の集まるすてきな場所になっていて、それを橋渡しする職員の方のご努力あってのことと思います。

▽五十代女性（東京都）出版社創業者のテーマで（いくら地元であるからといっても）これだけの人（ほぼ百人）が集まるとは意外でした。地元有名人、ということだけではなく、筑摩書房を愛する方々がたくさんいることに、羨ましく思えたのと同時に、そうした読者を一人でも増やして行かなければ、と改めて誓った一日でした。

＊

自由記述欄を埋めることのできる人は回収したアンケート用紙全体の多くても十パーセント程度だ。その十パーセントの意見であるから自ずと歩留まりはあるかもしれない。しかし「本の寺子屋」講演会は、概ね好感をもって受け止められているといえるのではないか。このなかでとくに目を引くのは、市外から、時に約八十キロ離れた長野市からも講演会に参加する人がいることだ。複数の声にもあるが、かれらは、塩尻市立図書館の「本の寺子屋」が、かれらの住む地元の図書館にも刺激になってほしいと望み、あるいはすでに刺激を与えていると感じていることだ。

さらに、この講演会が契機となって、図書館を初訪問した人がいることにも注目すべきだろう。中心市街地の活性化、人を集める装置としての図書館の新たな試みという部分では、「本の寺子屋」の貢献の度合いは小さくない。

二　魂から血を流せ

二〇一五（平成二十七）年八月二日午後一時半。「信州しおじり　本の寺子屋」の講師として招かれたノンフィクション作家の大下英治さんが語り始めた。広島弁の混じった語り口は穏やかだ。口元には笑みも浮かべている。しかしその内容は、決して穏やかではない。「えんぱーく」三階多目的ホールに集まった五十四人が聞き入っている。

一九四四（昭和十九）年に広島で生まれた。一歳で被爆した。原爆で父を失った。中卒で三菱重工広島造船所で働き始めた。初任給三千四百円から、古本の「太宰治全集」十二巻を二千二百円で買った。「私は、電気溶接工をしながら、太宰を読んでいました。七十歳を過ぎた今も、折に触れて読んでいます」という。人間の内側にある、得体の知れないどろどろとしたものをえぐり出す太宰の力に圧倒された。太宰を読んで、キリスト教会にも通い始めた。それは、太宰が「罪ある者は、それだけ優しい」と記したからだ、と大下さんは話した。読書を続けるうちに、大学で学びたいという気持ちが生まれ、広島大学でフランス文学を学んだ。人間の内側のこの「どろどろ」が、物書きとしての大下さんの追求するテーマになる。「どろどろ」を内に宿した「化け物」に魅入られ、政治家、財界人、芸能人を描いてきた。田中角栄、竹下登、三島由紀夫、岡田茂、美空ひばり、都はるみ、田宮二郎、太地喜和子……。人間の内側にある底の知れない深淵をのぞき込む。そこに潜む化け物が突き動かす人間。そうした人間の放つ魅力、エネルギーこそが、約四百冊もの本を書き続けてきた理由だ。

実生活の厳しさのなかで体得していく世の中の過酷さ。同時に、太宰やドストエフスキー、野間宏、ニーチェ、親鸞などの読書を通じて得られる人間の闇の深さと熱さ。この二つがともに必要だと大下さんは話した。部屋のなかに閉じこもってただ読み続けるだけでは不十分だ。同時に生傷の痛みを抱えながら実生活を生き続けること。そうすることで、読書は初めて意味を持つのだという。

今や大ベテランともいうべき大下さんだが、「僕の本は今、だいたい初版一万部です。新人のころ(一九八〇年代)は、六万部というときもありました」と話した。

「出版社はリスクを避けようとする。これでは書き手は早晩、いなくなると思います」

それでなくとも、作品の発表の場となるべき雑誌が次々になくなった。そして初版部数も減っている。単行本を文庫にすることも、以前に比べて少なくなった。

大下さんは続けた。いつのころからか、売れることよりも、返本を恐れる傾向が出版社に生まれた。以前もそうした傾向がなかったわけではないが、二十年ほど前からだろうか、そうした傾向が強まった。出版はそもそもリスクを伴う事業だ。だからといって無謀なギャンブルをしろというのではない。しかし今こそ勝負すべきだというときに、安全地帯に逃げ込んでしまう。例えば自信作で、かなりいけるという手応えがある場合でも、出版社は初版五千部でいきましょう、という。その五千部は完売する。そこで増刷するかというと、出版社は及び腰になることが多い。返本の責任を追及されることを恐れるからだ。

さらに出版社は、できるだけ短く書いてくれと求めてくるという。書き手としては、たくさん取材をしているのだから、書く材料はいくらでもある。しかし短くしてくれといわれる。そうしないと売れないと出版社は考える。上下分冊なんて、今ではほとんどつくらなくなってしまったという。

ビッグネームでも初版部数は抑制する、増刷には慎重になる、つくる本はできるだけ薄くする――。こうして出版社は、予想し得るリスクを最小化していく。そのしわ寄せは書き手にかかってくる。それでも出版されなければ読まれないのだから、書き手としてはこの圧力には抗すべくもない。

二時間の講演を終えた直後の大下さんは、引き続きインタビューに応じて話を続けた。

「時間がなくて話すことができなかったけれど、出版社だけに責任を帰することはできない。むしろ読み手が、長いものを読む力を失ったことに問題の本質があるのではないか」と大下さんは問いかけた。

若い人が恋愛をしなくなったという。この傾向は、非常に恐ろしいことだと思います、と大下さんは続けた。恋愛をするということは、傷つくということなのだが、それは読書という行為と似たところがある。「真剣に本を読むということは、魂から血が流れるということなのです。例えばドストエフスキーのいう肉体的な痛みのなかに潜む甘美な感覚。坂口安吾の『堕落論』にある、『ここまできてオレはまだ堕ち切っていない』という自覚。それらは自分自身や人間を理解するためのヒントを与えてくれるものです。同時にそれは自分の内側を目をそらさずに見つめるということ、傷つけるということであり、そうした作業を通じて自らの魂を美しくしていくことです」

それは当然、苦痛を伴うことで、以前はそうしたものとしての読書が意味を持った。ところが、そうした苦しみや痛みを嫌い、遠ざける傾向がいつのころからか現れた。それが恋愛をしないということの意味ではないか。こうした現在の日本の社会に現れた現象、以前とは異なる雰囲気が、本をめぐる現状とたしかに関連しているのではないか。

最後に大下さんは、「戦争の後は、いい小説が生まれるものです」と話した。野間宏らの戦中派はもちろん、傾倒した吉行淳之介や遠藤周作ら第三の新人にしても、彼らの作品が時代を超えて残ったのは、人間の本質をつかみ取ったからに違いない。その本質とはすなわち、彼らが間近で死と向き合った緊張感や実体験に根ざしている。それは当然、痛みを伴う体験だが、それがあるからこそ恋愛や人生に意味が生まれる。自らが体験していなくても、戦争を体験した人が近くにいれば、その緊張感はある程度は共有できる。そういう時代が何年かは続いた。

しかし敗戦後七十年が過ぎ、今我々の周囲から死は周到に遠ざけられ、隠されるようになった。若い人の生活の場から年寄りの影は消え、生活のなかから死のにおいが消えた。「おじいちゃん、おばあちゃんと一緒に暮らした時代は終わった」と大下さんは話した。七十年は長い。戦争のない七十年はたしかに幸福ではあった。しかしそれはまた、生きて死ぬという人間の本質が見えにくい時代を招き寄せることになった。もちろん世界のどこかで常に戦争は起き、殺し合いは続いている。しかしそれはよその国の、他人事《ひとごと》に過ぎない。そんな陰鬱で重苦しいことを考えなくても、楽しく生きていけるという幻想が社会の表面を覆うとき、長い射程と爆発力のある、人間の内側を刺し貫くような本は生まれにくくなる。大下さんの言葉遣いを借りるならば、それは「化け物がいなくなってしまった」時代の宿命である。

執筆意欲を刺激する「化け物」が、政界、財界、芸能界、あらゆる世界からいなくなりつつある。出版界はコスト管理ばかりに神経をすり減らす。こうした出版界のあり方は、書き手の活躍の場を狭め、追い詰める。そして読者は、自らの周囲の刹那的快適さ、精神的怠惰のなかで安逸をむさぼっているように見える。それは一種のデカダンス支配である。それゆえ大下さんは、本の可能性、「本の寺子屋」の可能性について懐疑的な見方を隠さなかった。

それならば本はもはや無用の長物なのか。多くの作家や詩人、評論家が、読者の人生を揺るがすような作品を連綿と書き続けてきた。それはただ、怠惰と安逸の悪魔が舌を出して人間をあざけり嗤っているかのような、この現状を招来するためだけだったというのか。

大下さんは、七十歳を過ぎても太宰を読み続け、ドストエフスキーの朗読を聞いている、と話した。いずれも若いときから繰り返し読み続けている本だ。「二十歳の読書は、

大下英治さんの「本の寺子屋」

著作の販売コーナー

二十歳の理解しかできない」と大下さんはいう。若いときに読むべき本はある。しかし若者の文学とか、年寄りの文学というものはない。大下さんは、楽しげに誇らしげに、太宰やドストエフスキー、チェーホフ、親鸞を繰り返し読んでいると語った。

こうしてみると、たしかに「本の寺子屋」のテーマである「本の可能性」について否定的な見通しを語った大下さんではあったのだが、その言葉は、長年あまたの「化け物」とつきあってきたノンフィクション作家一流の、一癖もふた癖もある反語的表現ではなかったか。本を取り巻く現在の状況はたしかに厳しい。しかしそうした一般的状況とは別に、読書の豊かさ、楽しさを知るための扉は、それを求める者には常に開かれている。それを大下さんが「本の寺子屋」の受講生に語りかけたのだとすれば、彼らはたしかにその話に耳を傾け、真剣な読書が与えてくれる人生の豊かさについて、多くを学びとったのであり、書き手のメッセージは、「本の寺子屋」を通じて、受講生に伝わった。講座は、当初の予定が一時間伸び、午後四時半に終わった。途中で退席する受講生はほとんどなく、ホールの外で販売された大下さんの本をもち、サインを求める列が伸びた。

三　「本の寺子屋」は書店の敵か

内野安彦さんは、二〇一五（平成二十七）年七月に長野県池田町で開かれた講演会で、「日本には今、一万四千店の書店があるが、だいたい一日に一店が閉店している」「日本ではまだまだ図書館は知られていない。自分の町の図書館がどこにあるのかも知らない人や、図書館では無料で本を借りることができることすら知らない人が少なくない」と話した。本と無縁の生活を送る人が少なくないことを物語る話だ。

書店の数は減り続けている。地方の町村には図書館がない地域もある。また道府県立図書館は遠く、使い勝手も必ずしも良いとはいえないなかで、地域の書店は、地域住民にとって、知の交流拠点としての役割を担ってきた歴史がある。

図書館が近くにできること。しかも使い勝手がよく、提供するサービスの質も高い図書館ができることは、地域にとっては素晴らしいことだ。今までは地域に居場所がなく、書店で立ち読みをしたり、雑誌を買ったりしていた子どもたちが図書館を利用することを覚え、やがて本に親しんでいく。

しかしその一方で、地域の書店から見たとき、それは顧客が書店から離れていくことを意味する。過疎化と高齢化が進んでいる。以前は本を買ってくれた人たちが現役を引退する。年金生活者になれば、これまでは買っていた本も図書館で借りるようになる。そういう買い控えも起こるだろう。

図書館の活動が、地域の書店の経営を圧迫する事例は、全国で見られる。新しい塩尻市立図書館は、中心市街地活性化という使命を帯びてスタートした。にぎわいを創出し、従来よりも多くの人を図書館に引き寄せる。そのための創意工夫を求められる図書館にとり、「信州しおじり　本の寺子屋」は重要な仕掛けだ。ところで、その「本の寺子屋」は、本の書き手、つくり手、送り手、読み手を結びつけることで、本を通じた知の可能性を考えることを目標に始まった試みだから、地域の書店がその重要な担い手の一つであることはもちろんだ。ところが、その「本の寺子屋」の活動が、図書館の利用者を新たに掘り起こすことになり、結果的に書店の経営が圧迫されるという皮肉な現実がある。

「たしかに日本中で、書店は壊滅的状況です」と話すのは、永井伸和さんだ。前述したように、永井さんは鳥取県米子市で「今井書店」を経営していた一九九五（平成七）年、「本の学校」を設立した。「本の学校」は、ドイツの書籍業学校の取り組みを参考に、出版界、図書館界、教育界、マスコミ界という縦割り組織ごとに硬直化し横の連携があまりに乏しい日本の各業界団体の因習の改革をめざし、人的な交流を促した。二〇一二（平成二十四）年、「本の学校」はＮＰＯ法人となり、書店の一事業という従来の印象を払拭し、より中立的な立場で活動を続けている。永井さんが「本の寺子屋」開講に際して祝辞を寄せたこと、顧問にもなっていることも先に述べた。

「欧米に比べ、歴史的に日本の識字率は高かった。明治以降の日本は、その先人の遺した成果の上に安住してきた。識字率が高いから、本を選び本を買うのに、だれかのアドバイスを求める文化は育ちにくかった。その結果、司書の専門性が認められにくい土壌が生まれた。書店員の専門性も育たなかった。図書館の来訪者へのレファレンスサービスの文化も、書店を訪れる顧客に必要な情報を提供する書店員の専門性も、少なくとも欧米に比べ育ちにくかった。これが日本の本を巡る文化の現在の衰退の遠因になっていると思う。そしてそれは、図書館や書店の側にも責任がある」と永井さんは指摘する。

「よく、ＪＡＰＡＺＯＮがどうしてできないのかっていうんですよ」と永井さんはいう。

米国出自の書籍デリバリーシステムＡＭＡＺＯＮがこれだけ日常的に利用される時代に

なったのに、どうして日本ではこうしたシステムを生み出すことができないのか、という問題提起である。日本の業界はなぜ、出版、取次、書店などという縦社会や、相互に閉鎖的なムラ社会を越えて横につながろうとしないのか。その殻を打ち破ろうとしなければ、新しいサービスは生まれず、人々はますます書店から、本から離れていく。

図書館が書店の商売の邪魔をしている。図書館が書き手を窮状に陥れている――。こういう批判は日常的に見聞できる。たしかにこの問題は存在する。

塩尻市立図書館と同様に、先進的な図書館事業で知られる山梨県立図書館でも、近隣の書店から同様の声が出ていると聞いている、と永井さんは話した。同館の館長は、二〇一二(平成二十四)年から、国立国会図書館に司書として十一年間、勤務した経験のある作家の阿刀田高氏だ。阿刀田館長は、「本を贈ろう」という運動を提唱している。同館のホームページ上の館長の「ごあいさつ」には、「本がそこにあること、それが尊い。本は存在そのものが人間に似ている。私たちの心に働きかけてくれるものがある。最初から読み進み、少しずつ理解し、思案を深め、最後に全体を知る。人間とつきあい、理解を深めるのに似ている。つかのまのつきあいではなく、長く知り合い、好意を持つためにも本を手もとに置こう。本を贈ろう。ゆとりがあれば本を買おう」との一文が掲げられている。

これを読んだ永井さんは、元図書館員として、そして作家として書店の事情を知る阿刀田館長の、書店への心配りを感じると話した。

図書館は「無料の貸本屋」であり、書店の商売敵とみなされる。そういう側面はたしかにある。しかしこの問題が一挙に解決することはない。このままでは、仮に図書館がなくても読書人口は減り続け、書店の経営危機は一層深刻化する。この問題の本質を見つめ解決するためには、出版ムラ、図書館ムラ、書店ムラが相互の閉鎖体質を打破し、情報交換し、協力する必要がある。そしてそのための仕掛けこそが、「本の寺子屋」なのだと永井さんは強調した。

「書店の魅力とは、規模の大小ではないのです。書店員がまずはプロとしての知識を蓄積し技能を高める必要がある。そして、優れた図書館で優れたレファレンスサービスが提供されているように、書店員が書店で、顧客の要望に迅速に応えられるレファレンスサービスができるように学び続けること。これがこれからの書店が目指すべき目標です。そして、そのために、書店員が本の書き手、つくり手、読み手と一緒に学び合う場こそが『本の寺子屋』なのです」と永井さんは言葉を結んだ。

四　これからの「本の寺子屋」

　この四年間の受講生の反応を見てきた長田さんは、「滑り出しとしてはまずまず。うまくいっていると思います」と話した。その理由を長田さんは「受講生の自由記述のなかにもあるようだが、『本の寺子屋』は近隣の図書館に刺激を与えています。年間七百人もの視察者が全国からこの図書館にやってくる。ここの図書館職員の日常的な努力があるのはもちろんだが、『本の寺子屋』はたしかに、当初の目的である『知恵の交流拠点』としての役割を果たし始めていると言っていいのではないかと思います」と話した。さらに、「この取り組みを四年間続けて思うのは、こういう企画ができるための図書館の適正規模、というのがあると思うのです。人口七万人規模の自治体の図書館だからこそ、大図書館には難しい小回りのきいた運営が可能になる、そういう側面があると思います」

と続けた。

これは、主として図書館側から見た理由だ。もう一つ、図書館側の事情を加えるとすれば、塩尻市立図書館が新たな使命を帯びた新たな図書館として再出発した、まさにそのタイミングをつかんだ企画だった、という点が挙げられるだろう。

経験のある館長が、外部からヘッドハンティングされ、そのリーダーシップのもとに図書館員がよく学び、努力し、新たな塩尻市立図書館の文化を創造しようという意欲が生まれた。それが、「本の寺子屋」の運営にもプラスになった。

内野さんは、「茨城県からやってきた私は当然、郷土史に無知でしたから、業務として古書店を回った。知己を得た店のご主人を図書館に招き、蔵書を見てもらい、不足するものがあればそろえてほしいとお願いもした。古本屋で本を買うなどということは、普通、図書館ではないと思います。当時は新しい図書館をつくるための予算があり、いわばバブルだった。そういう面がありました」と話した。そういうしがらみのなさが、まずあった。

塩尻市立図書館は、県内十九市の市立図書館中、市民一人当たりの貸出冊数で第一位である。図書館の利用状況を示す数字として、よくこの数値が引き合いに出される。しかし、塩尻市立図書館では、この数値をそれほど重視しているわけではない。

「えんぱーく」のなかで新図書館がスタートし、貸出冊数を気にするのはやめると宣言したとき、「本当ですか」と言って泣き出した職員がいたという。実際、この数値を大きくしたいと思えば、ベストセラーや人気作家の複本をたくさんそろえればよい。しかしそんなことに予算を使うのではなく、年に一度か二度くらいしか貸し出されなくても、その本が図書館にあって助かったという利用者を増やすこと、それが「課題解決型図書館」の目指す方向だからだ。先のしがらみのなさに加え、こうした思考の柔軟さ、すなわち図書館の新たな文化が、「本の寺子屋」の運営にプラスに作用したといえるのではないか。

以上の図書館側の事情に加え、講座の内容を検討してきた長田さんの視点では、純文学系、ノンフィクション系の作家を中心に講演者の人選を進めたことも奏功した原因の一つだという。売れっ子の推理小説作家などのエンタテインメント系の作家は、受講生が強い関心を示すのだが、それが却って意見の集約を困難にしてしまい、講座の追求する目的と必ずしも合致しない側面が出てくるという。謝礼も当然、高額になり公共図書館の予算では難しい。一方、学者や純文学系の作家は、エンタテインメント系に比べて声をかけやすい。さらに多くの人に知られたビッグネームを多く、講師として招くことができた。

一方、課題も垣間見える。例えば、先の受講生のアンケートの回答にあるように、聴講希望者の多い講演者の場合、もっと大きな場所で「本の寺子屋」を実施すればよいのに、という問題である。たしかに、そうすれば希望者全員が聴講できるし、「本の寺子屋」もより知られるようになるだろう。実際、市民交流センター「えんぱーく」三階の多目的ホールは、広さ二百三平方メートル、定員およそ百五十五人である。それ以上になると、希望しても入場を断られることがある。図書館によると、これまでに参加者数が定員を超えたのは、二〇一三（平成二十五）年一月、谷川俊太郎氏の朗読会（百六十一人）と、二〇一四年（平成二十六）年十月、姜尚中氏の講演会（百五十八人）の二回。受講生が百人を超えた事例は全部で七回ある。

高名な作家や学者の場合は、たしかに多目的ホールでは手狭な印象を受けるし、もっと広いホールで希望者全員を参加させてはどうかという声が出るのも当然だろう。それならば、「えんぱーく」から徒歩約十五分の市民ホール「レザンホール」で、有料でやってみてはどうか、という要望である。

だが、問題はそう簡単ではない。そもそも中心市街地活性化という使命を持つ「えんぱーく」にとり、人気のイベントを「えんぱーく」の外に移して実施するというのはひどく切ない話である。

受講生の感想の少なからぬ部分が、知名度のある作家、評論家、詩人らが地元の図書館に講演に来てくれることの感激を語っており、それが図書館へと足を運ぶ誘因になっている。開講の祝辞を寄せた詩人・小説家の辻井喬（一九二三〜二〇一三）、作家の立松和平（一九四七〜二〇一〇）、俳優の菅原文太（一九三三〜二〇一四）は、「本の寺子屋」で講演してほしいという長田さんの依頼を承諾していたが、病に倒れた。中央のビッグネームを招くこうした手法は当面、継続していくことになるだろう。

『展望』の目次と読み比べてみると、この三年間の「本の寺子屋」で不足していたのは、時事問題への目配りではないかと長田さんは考えており、政治・経済分野の講演も検討している。また、本を巡るプレーヤーのなかで、書店の立場を紹介できる講師をもっと呼びたい。そうすることで、地域の書店との連携を一層深め、地域住民が地元の書店の役割について考えるきっかけとなるようにもしたい。さらに、二〇一五（平成二十七）年度からは、図書館職員の発意もあり、子ども版の「本の寺子屋」を始めた。子どもを図書館に呼び寄せるための仕掛けを考えるべきだとの問題意識があった。それが、「本の寺子屋」に子どもを巻き込もうと考えていた長田さんの考えと結びついた。絵本作家でイラストレーターの武田美穂さんを講師に招いた講座では、子どもたち七十八人が集まった。子どものうちから図書館に通う習慣を身につけることは、本人はもちろん、地域にとっても大きな意味を持つ。

地域とつながる「本の寺子屋」である以上、地域が変化し続けるのだから、それに応じて「本の寺子屋」の形も常に変わっていくのが自然だ。それゆえ「本の寺子屋」の完成形はない。

現在のところ、「本の寺子屋」は、ビッグネームの力を借りつつ、とにかく図書館を訪れる人を増やし、図書館とはどのような場所なのか、その理解を促す段階といえるだろう。有名人が私たちの町にやってきて、すぐ目の前で話をしてくれる。それは楽しく、わくわくするできごとだ。反面、それは自分ではないだれかがデザインした絵の上での受け身の楽しみに過ぎない。

もちろん、そこから学べることは多々あるだろう。しかし、我々の暮らす地域には、少子・高齢化を筆頭に問題は山積している。地域住民が、自らが暮らし生活する地域を見つめ直し、豊かにしていくためには、「知恵の交流の拠点」がなければならないと考え始める転回点がいつか必ずやってくる。その仕掛けとして地域の図書館が機能し、そこで「本の寺子屋」が活動するのならば、その「本の寺子屋」で何を学ぶかを考える主人公は、最終的には地域に暮らす一人一人に移っていくべきだと思う。それこそが、祝辞のなかで辻井喬が述べた、「人生の寺子屋」の意味なのだろう。

コラム「聞き惚れました」をもっと

駅前がやや寂しいとはいえ、そこは中心市街地である。「えんぱーく」のなかを歩くと、利用者の年齢は実に様々で男女の比率もほぼ同じように見受けられる。高齢者も、小さな子を連れた母親も、学生もいる。

塩尻市の高齢化率は、二〇一五（平成二十七）年四月一日現在、二六・八パーセント。県内屈指の若さだ。市内に働く場所が多く、高校が三校、大学が一校あることと無関係ではない。長野県内の他市町村に比べ、若者の市街地での回遊率が高いのだから、図書館内に若者の姿が多いのは当然だ。

一方、「本の寺子屋」の受講生は、五十代以上が多い。若者は関心の対象が広く、利用しやすい「えんぱーく」には来ても、受講生にはなりにくい。仕方のないことだ。

中心市街地から少し離れると、山間地域が広がる。市周辺部の高齢化率は平均値より高い。実際、体力や気力が衰えた結果、外出が億劫になり、地域から孤立していく高齢者の事例は少なくない。そうしたなかで、「このような小さな町まで（講師が講演に来てくださり）、本当に有り難かった」（七十代女性）「最初から最後までとても面白く、時を忘れて聞き惚れました」（同）と受講生アンケートに記す人が現れたのは、驚きに値する。十年以上前にまとめられた「市立図書館のあり方ワーキンググループ報告書」には、将来の図書館は、市民の生涯学習の拠点となり、高齢者や障害者、外国人に利用しやすい図書館であってほしい、と記されている。

図書館内に若者がいるので楽しいと書いた高齢の受講生もいた。それはたしかに喜ぶべきことだ。しかし彼らの多くはやがて職を求め市外に出て行く。それが今の地方の現実だ。

誤解を恐れずに言えば、「本の寺子屋」は、高齢者を元気づけ、家のなかから引っ張り出し、講師の話に刺激を受け、できれば新たな友だちも見つける、そういうことができる場所となることが求められているのではないか。講演会を傍聴していると、そう思えてくる。若者たちには、図書館の外にいくつも関心の対象がある。そして自分の力でその対象に近づいていくエネルギーがある。

中心市街地の活性化策として図書館が機能する。しかしただ図書館に行っても、図書館を使い慣れていない高齢者は、そこでなにをしたらよいのか途方に暮れるだろう。そういう利用者にとって、「信州しおじり　本の寺子屋」は、高齢者が地域のなかで楽しみながら、継続的に、しかも無料で学び続けることができる場としての役割を果たす。そういう場があるのだということをさらに周知する必要がある。生涯「学習」などというが、学ぶということは、実は難しいことではないのだと、「本の寺子屋」が教えてくれるのである。

執筆余滴

情熱は伝播する——舞台裏から

「子ども本の寺子屋」しおじりっ子ブッククラブ
に集まった地域の子どもたち

編集者の長田洋一さんと、内野安彦・元館長との出会いがなければ、「信州しおじり本の寺子屋」は生まれなかった。しかし、二人が思い描く理念やアイデアに、具体的な形を与え実現し、運営していくには、実務を担うスタッフの努力が不可欠だ。

善光寺が威容を誇る県庁所在地の長野市や、国宝・松本城のある松本市に比べ、長野県内でもそれほど目立つ存在ではなかった塩尻市は、図書館を中心にした市民活動、子育て支援・青少年交流、ビジネス支援、シニア活動支援の機能融合の場・市民交流センター「えんぱーく」の活動により、全国的に注目されることが多くなった。外から見てもそうなのだから、新図書館の準備期間から「本の寺子屋」の開設・運営に携わってきた職員にとっても、その誕生は、公務員としての自らの仕事の意味を再発見する大きな契機となった。実際、市長選の大きな争点にまでなった駅前の再開発問題の議論の中心となった図書館計画と、全国的にもほとんど類例のない「本の寺子屋」という企画を図書館で始めるという動きは、図書館という施設への従来のイメージも大きく変えた。

塩尻市職員の矢澤昭義さんは、一九九四（平成六）年に塩尻市役所の一般行政職の職員となった。二〇一〇（平成二十二）年、「えんぱーく」の図書館本館の開館時から働き始めた。図書館への異動を希望していたわけではない。その直前は公民館の職員だった。司書の資格はない。図書館やその仕事について考えることもあまりなかったという。「公民館の職員として地区の市民の方々のお話をお聞きする立場でした。住民のなかには、『あんなに大きなものを商店街につくってどうするのかね』とおっしゃる方もいらっしゃいました。私自身、ほんとに『えんぱーく』って大丈夫かなあという感じがありました」と話す。地域の核となり、生涯学習の場となることを目指すという点では、公民館も同じではないか。大きな図書館ができてしまうと公民館の位置づけはどうなるのだろうか、と考えることもあったという。

先にも記したが、「本の寺子屋」誕生までは非常に慌ただしかった。まず二〇一一（平成二十三）年の半ばに、長田さんが内野さんを訪ねてきた。これが二人の初対面で、「本の寺子屋」の出発点だ。それから二人は手紙のやりとりを続けた。そして内野さんが入院した。図書館職員となっていた矢澤さんは、入院先の内野さんを見舞う前後に、「本の寺子屋」の構想を聞いた。図書館の事業だから予算をつくり市議会の承認を得なければばならない。関係者は準備に忙殺された。それでも何とか目算が立ち、新年度から始められそうだと見極めて記者会見をした。それを今井書店の永井伸和さんが読み、鳥取県米子市から図書館に電話をかけてきた。そして二月、伊東副館長（当時）、田中速人・市民交流センター長（当時）、そして矢澤さんの三人が、米子まで永井さんに面会に行った。

三人は、今井書店の「本の学校」による書店員の研修の充実ぶりをはじめ、ともかくスケールの大きさに驚いたという。それまで、塩尻の事業にも暫定的に「本の学校」という名前を付けていたが、本家本元の活動を実際に見学した帰りの新幹線の車中で、これは早急に新たな名称を考えなければいけないということになった。ともかく、先ずは名前だ。図書館のみんなで、これから始める事業の名称を考えた。そのなかに、矢澤さんが考案した「本の寺子屋」の名称案があった。その結果、この名前でいこうということになった。

とくに印象深かったのは、米子で見聞した書店員の研修だった。図書館のサービスの質は職員で決まるというのが内野さんや、伊東さんの信念でもあった。このため、新たな事業では、図書館の職員としての資質を向上させるプログラムも是非、取り入れたいという思いも具体化されていった。

三月議会で二〇一二年度予算が確定するが、準備はそれを待っていては間に合わない。予算が承認されていないため、シラバスの作成は、図書館としては基本的に正式な話はできないなかで、長田さんを通じ講師の先生方への依頼、図書館からの実務的交渉を水面下で続け、四月早々からは開講に向け全力疾走した。各種団体への協賛や後援依頼からパンフレットのデザインに至るまで、長田さんも含め全員で知恵を絞る日々が続いたという。「大変に忙しい日々でしたが、どんなことでもとにかく、みんなで自分の意見を述べ合う、とても充実した期間でした」と矢澤さんは話した。

三月末に内野さんが退職した後も、伊東館長のもとで図書館職員は力を尽くし、「本の寺子屋」は順調に走り出した。講師となる作家や評論家、研究者などの先生方との日程調整、応接の実務の少なからぬ部分を矢澤さんが受け持った。初めての事業である。市役所内にノウハウを知る人はもちろんいない。県内にもいない。長田さんのアドバイスを受けながら手探りで作業を進めていった。

講座を準備し、聴講する人の数を確保できるよう心を砕き、講師の話が終われば必ず、長田さんや書店、スタッフを交えて反省会を開く。人数はどうだったか。常連のほかに、新たに聞きに来た人はどれくらいいたか。記入してもらったアンケートには何が書かれていたか。書店が開いたブースでのサイン会、即売の反応はどうだったか。それらを分析して意見を述べあい、次回の講座の運営に生かす努力を続けている。

こうした毎日を繰り返すうちに、異動するまでは、図書館にとくに深い関心があったわけではない矢澤さんに、新しい事業を創りあげる運動の渦中にある高揚感と、先輩や関係者の情熱が伝播していった。一日の仕事が終わった夜や、土曜の午後の時間を見つけて、公共図書館の仕事の意義を折に触れて職員に語り続けた内野さんの姿勢や、後を引き継いだ伊東さんの図書館員の研修にかける熱意を、矢澤さんは学び、受け止めたという。

先進的な取り組みが徐々に知られるようになると、全国から図書館関係者が視察に来るようになった。あらかじめ名乗ってくる人もあれば、隠密裏に図書館にやってくる人もいる。しかし、挙動を見れば、素性を隠しても「その筋の人」であることはだいたいわかる。「そんなときは、館内にいる職員から声をおかけします。そして、伊東館長の時間が許せば、館長に話をつなぎ、館長が一時間でも二時間でも館の説明を行います。施設についての説明だけなら他の職員でもできます。しかし図書館だけでなく、『えんぱーく』への設計段階からの思いを最もお伝えすることができるのは、伊東館長（当時）でした」と矢澤さんはいう。館長自らが長い時間を割いて丁寧な説明をしてくれることに、大抵の訪問者は驚くという。

市民交流センター「えんぱーく」とその中核施設である図書館の機能融合について、図書館の資料について、職員について。質問は多岐にわたる。

そして、「本の寺子屋」についての質問を受ける。そのたびに、この活動が、新たな図書館利用者の掘り起こしに役立っていること、塩尻市立図書館の認知度の向上、全国的な知名度の向上にも大きな役割を果たしていることが説明される。

公共図書館は、大きな変革の時代を迎えている。どうしたら地域の人々が図書館にやってくるようになるのか、より多くの人の役に立てるようになるには、図書館は何をしたらよいのか。視察に来る人々は、その手がかりを探し求めている。

とはいえ、「本の寺子屋」の事業をそのまま、自分の図書館で実現できると考える人はまずいない。切れ目なく著名な作家や評論家を招き、連続的な講座を運営していく仕事は、長田さんという仕掛け人がいて初めて可能となったのであって、全ての公共図書館にできるわけではない。

では「本の寺子屋」は、他の公共図書館にとって、何の参考にもならないのだろうか。そんなことはない、ということを塩尻市立図書館の実践は訪ねてくる人に伝えている。それぞれの公共図書館が、それぞれの地域でどのような企画を立てれば地域の人々は図書館に行きたくなるのか。そのヒントは「本の寺子屋」から大いに得られるのである。

たしかに、十年に一回などの記念講演は別として、著名な作家らの連続講演を何年も実現することができる公共図書館は、ほとんどないだろう。都市部でなく、地方であればなおさらだ。しかし、従来よりも多くの、新たな利用者を掘り起こし、通いたくなる図書館を創るためのヒントは、実は地域のなかにこそ隠されているのではないか。図書館とその職員の仕事は、地域に隠されたそうした宝石の原石を発見し、磨きあげることにあるのではないか。

塩尻は、古田晁という稀代の出版人を生んだまちだ。そうした地域の伝統と、その土地に残る、地霊とでもいうべき縁の力が、編集者の長田洋一さんを呼び寄せ、元館長の内野安彦さんを呼び寄せ、今井書店の永井伸和さんらとの新たな縁を結ばせた。そうした地域の縁、成長の芽を宿した縁は、どの地域にもあるのではないか。そう考えてみると、図書館が中核を形づくる施設「えんぱーく」の名前が、もう一つの意味を帯びてくるようではないか。

二〇一五（平成二十七）年のライブラリーオブザイヤーを受賞した岐阜県多治見市図書館は、焼き物という地域の伝統に着目し、全国からやってくる陶芸関係者にもすぐに役立つ焼き物の資料収集活動が評価された。そのために図書館員は積極的な資料収集を行った。その結果、まちの図書館が全国的に評価され、図書館を見る地域の目が変わっていく。この好循環が始まれば、図書館は地域を結ぶ知の拠点に発展していくことができる。

塩尻の出版。多治見の焼き物。そうした地域の特質や、郷土の伝統、それを守り育てている人を図書館の活動に活かさない手はない。むしろそれは地域の公共図書館の重要な仕事だ。そして、郷土の誇るべきそうした伝統や産業は、実はどこにでもあるのではないか。それは、開発によってまちの様相が大きく変化し、外からやってきた人が人口の多数派を占める都市部よりも、むしろ地方にこそ、まだ多く残されているのではないだろうか。

若者が増え、人口が増えれば、まちはにぎわい、その地域は「恩恵」を享受できると考えがちだ。たしかにそういう面はあるだろう。反面、集まってくる人たちは、その地域の歴史や伝統に関心を抱いて集まるのではない。彼らは多くの場合、雇用や教育、または何かを消費するために集まってくる。そして消費できるものがなくなれば、彼らはいなくなる。

あまりに身近すぎて気がつかない宝物というのは、実はどこにでもある。それに気付くのは、多くの場合、よそ者だ。長田洋一さんや、内野安彦さんが、塩尻市の外からやってきたということは、なにかを暗示しているように思える。

だがより重要なのは、よそ者が発見した宝物を、いかに育て、継承し、発展させるかだ。それはもはや、よそ者の仕事ではない。

「本の寺子屋」の事業は軌道に乗り、ほぼ四年となった。だがその事業が真に塩尻という地域に根付き、全国に誇ることのできる宝となるか否かは、矢澤さんのような生粋の地元育ちが、「本の寺子屋」のスピリットを受け継ぎ、発展させる創意と情熱の大きさにかかっている。

●付録――開講記録

「本の寺子屋」の3年8カ月間の受講生は、▼2012（平成24）年度（8カ月間）1121人▼2013（平成25）年度1055人▼2014（平成26）年度880人▼2015（平成27）年度2417人（「子ども本の寺子屋」含め）。延べ人数で計約5400人が「本の寺子屋」で開講された約50回の講演会、対談、講座、朗読会、コンサートにやってきた。その歩みは以下の通り（肩書きは講演実施時点のもの。受講者数は図書館調査）。

■2012（平成24）年度（実質8カ月間で参加者のべ1121人）

◆科目

日程	種別	講師	講座名	受講人数
7月29日（開校）	講演会	佐高信（評論家）	「本が変える風景」	137人
8月7日	講座（長野県図書館協会主催）	遊佐幸枝（東京純心女子中学校・高等学校専任司書教諭）ほか	「司書教諭と学校司書の協働」	18人
8月25日	ワークショップ	さいとうしのぶ（絵本作家）	「自分の名前で絵本をつくろう」	98人
同上	講演会	さいとうしのぶ	「さいとうしのぶの絵本ワールド」	93人
8月27日	講座	中山玲子（日野市立図書館障害者サービス担当）	「できることから始めよう図書館の障害者サービス」	82人
9月24日	講演会	根本彰（東京大学大学院教育学研究科教授）	「『理想の図書館像』を考える」	88人

10月28日	講演会	色川大吉（歴史家、東京経済大学名誉教授）	「自費出版の本について」	58人
10月29日	講座	小林隆志（鳥取県立図書館支援協力課長）	「図書館からのビジネス支援」	35人
10月30日	同上	同上	「住民に必要と認知される図書館になるために」	42人
11月10日	講演会（第16回古田晁記念館文学サロン）	藤原成一（元筑摩書房取締役・元日本大学教授）	「古田さんから学ぶこと～古田さんから受けた様々な『教え』について～」	43人
12月2日	講座・データベース活用講座	日経テレコン21・第一法規法情報総合データベース、ジャパンナレッジ		40人
1月27日	朗読会	谷川俊太郎（詩人）		161人
2月15日	講座（読み聞かせ講座）	大井むつみ（日本こどもの本研究会）	「よみきかせ　いろはのい」（初級編）	30人
2月16日	同上	同上	「よみきかせ　いろはのろ」（中級編）	28人
3月9日	講演会	秋本敏（日本図書館協会研修事業委員会委員長・元ふじみ野市立図書館長）	「心の復興を支える図書館～被災地を訪ねて～」	60人

◆企画展等

開催日程	企画	参加者数
7月24日～8月26日	山中桃子原画展	
8月10日	山中桃子さんトークショー・サイン会	23名

9月30日	書評合戦ビブリオバトル「もっとも読みたいと思われた本はどれだ！」	39名
10月30日～11月25日	「石井鶴三宛書簡展」（共催・信州大学附属図書館）	
11月27日～1月27日	「『手塚治虫を装丁する』展」（共催・日本図書設計家協会）	
1月19日	「オリジナルブックカバーを作ってみよう！」（協力・日本図書設計家協会）	21名

■2013（平成25）年度（参加者のべ1055人）

◆科目

日程	種別	講師	講座名	受講者数
5月26日	講演会	松本健一（評論家、麗澤大学教授）	「佐久間象山、島崎藤村、丸山眞男一または信州と海」	68人
6月17日	講演会	森一郎（信州大学附属図書館副館長）	「著作権法からみた図書館サービス」	75人
7月28日	短歌絶叫コンサート	福島泰樹（歌人）	「美しく死んでいくために」	60人
8月11日	講演会	いせひでこ（画家、絵本作家）	「わたしの木、こころの木」	124人
8月26日	講演会	齋藤誠一（千葉経済大学短期大学部教授）	「地域活性化に向けた図書館サービスの手法―サービスを見せていく図書館員の役割について―」	68人
9月29日	対談	常世田良（立命館大学文学部教授）柴野京子（上智大学文学部助教）	「『本』の可能性を考える」	53人
10月27日	講演会（第17回古田晁記念館文学サロン）	熊沢敏之（筑摩書房代表取締役社長）	「古田晁の精神」	35人

10月28日	講演会	広瀬恒子（親子読書地域文庫全国連絡会代表）	「子どもと本を結ぶ架け橋として」	86人
11月10日	講演会	柳田邦男（ノンフィクション作家）	「生きることと言葉の力」	127人
11月25日	講演会	竹内利明（電気通信大学特任教授）	「市民と図書館の協働による地域（経済）活性化―公共図書館のビジネス支援サービスを中心として―」	56人
12月1日	講座・データベース活用講座	第一法規法情報総合データベース、ジャパンナレッジ		11人
1月27日	講座	キハラ	「本の修理講習会～今ある資料を大切に～」	28人
2月23日	講演会	池内紀（ドイツ文学者、エッセイスト）	「本が友だち」	73人
3月9日	講演会	杉山亮（児童文学作家）	「ものがたりライブ」	72人
同上	同上	同上	「こどもと物語のいい関係」	79人

◆企画展等

開催日程	企画	参加者数
7月23日～8月25日	いせひでこ原画展（協力・絵本美術館　森のおうち）「ルリユールおじさん」	
7月23日～8月25日	装丁企画展「活字と書籍―グーテンベルクと記憶の革命―」	
11月4日	書評合戦ビブリオバトル「もっとも読みたいと思われた本はどれだ！」	40人
11月26日～12月28日	装画の力展「太宰・清張を描く」（共催・日本図書設計家協会）	
1月4日～1月26日	和本企画展「ちりめん本の世界―海外で読まれた日本の昔ばなし―」	

■2014（平成26）年度（参加者のべ880人）

◆科目

日程	種別	講師	講座名	受講者数
5月25日	対談	島田雅彦（作家、大学教授） 高橋源一郎（作家、大学教授）	「小説の行方」	139人
6月22日	講演会	くすのきしげのり（絵本作家）	「一人一人がみんなたいせつ～絵本に託す願い～」	96人
7月20日	対談	松井祐輔（人と本屋の雑誌「HAB」発行人／本屋「小屋BOOKS」店主）、 西田卓司（書店「ツルハシブックス」店主）	「本とまちづくり～本のある環境の作り方～」	35人
8月2日	講演会	酒井潤一（信州大学名誉教授）	「ナウマンゾウが図書館にやってくる」	28人
同上	ワークショップ	同上	「化石のレプリカ作り／鉱物観察／泥炭層から化石」	44人
8月5日	講座	五十嵐絹子（学校図書館アドバイザー）	「学校図書館が変われば子どもが変わる、教育が変わるⅠ～豊かな心と確かな学力を育む～」	67人
同上	同上	同上	「学校図書館が変われば子どもが変わる、教育が変わるⅡ～図書館を「学びの宝庫」に～」	36人
8月24日	講演会	井出孫六（作家）	「石橋湛山全集を読む」	64人
9月28日	講演会	嶋田学（瀬戸内市教育委員会　新図書館開設準備室長）	「地域が元気になる図書館づくり～住民参加による地域活性化の取り組みから～」	36人
10月5日	講演会（第18回古田晁記念館文学サロン）	塩澤実信（出版ジャーナリスト）	「古田晁の精神」	55人

10月19日	講演会	姜尚中（聖学院大学学長）	「読書が深める心」	158人
11月16日	対談	小嵐九八郎（作家・歌人） 齋藤愼爾（深夜叢書社主宰・俳人）	「短歌と俳句の行方」	33人
1月31日	講演会	宮田政幸（有限会社メディアゴーゴー代表取締役編集長）	「ミニコミ誌発行の理想と現実～月刊イクジィの出版を通して見えるもの～」	33人
2月15日	講演会	小林毅（弁護士）	「ニュースがわかる！～くらしの法律と法情報調査～」	23人
同上	講座・データベース活用講座	第一法規法情報総合データベース、ジャパンナレッジ		
3月8日	朗読会	酒井倫子（絵本美術館森のおうち館長）	「雨ニモマケズ」朗読会と森のおうちおはなしの会による朗読劇	33人

◆企画展等

日程	企画
7月15日～8月17日	企画展・ナウマンゾウが図書館にやってくる
11月18日～12月25日	今村幸治郎絵画展「もうすぐクリスマス」
1月4日～1月25日	企画展・堀口大学にみる装丁・挿絵展」
2月24日～3月30日	原画展「雨ニモマケズ」

■2015（平成27）年度（参加者のべ936人）

◆科目

日程	種別	講師	講座名	受講者数
4月27日	図書館司書講座①	赤木かん子（児童文学評論家）	「図書館とは何か？　定義と基礎知識」	72人
5月11日	同②	同上	「分類とは何か？　分類の基礎と自然科学の棚作り」	87人

6月8日	図書館司書講座③	赤木かん子（児童文学評論家）	「目次と索引、報告書の書き方、百科事典ワーク」	72人
6月21日	対談	鎌田慧（ノンフィクション作家）吉岡忍（同）	「ノンフィクションの行方」	68人
7月5日	講演会	上野千鶴子（社会学者）	「活字中毒、書物の未来」	146人
8月2日	講演会	大下英治（ノンフィクション作家）	「本は何よりSexy」	54人
8月4日	講座	藤田利江（大和市教育委員会教育部指導室 学校図書館スーパーバイザー）	「学校図書館を活用した調べる学習～基本のスキル～」	47人
9月13日	講演会	大西暢夫（写真家）	「食べることは生きること～命を見つめる 命を繋ぐ～」	54人
9月28日	講演会	渡部幹雄（和歌山大学特任教授・附属図書館長）	「図書館でこんなこともできる！ 市民とつくるこれからの図書館」	61人
10月4日	講演会（第19回古田晁記念館文学サロン）	永江朗（作家）	「筑摩書房の歴史と古田晁」	78人
11月8日	対談	小池昌代（詩人、小説家）正津勉（詩人）	「現代詩の行方」	40人
12月6日	講演会	星野渉（文化通信社取締役編集長）	「本の世界で起きている大きな変化と図書館と書店にできること」	40人
3月6日	講演会	くすのきしげのり（絵本作家）	「こどもの心に気づくとき～作者が語る絵本の世界～」	117人

◆企画展等

日程	企画
9月1日～9月27日	展示・カヴァーノチカラ（協力・日本図書設計家協会）
9月13日～9月27日	大西暢夫（写真家）「ぶた　にく」絵本写真展

12月1日～12月28日	展示・本の学校「出版の歴史展～出版の夜明け～」
1月4日～1月31日	展示・會津八一没後60年展
3月1日～3月29日	原画展・まるやまあやこ絵本原画展

■信州しおじり　子ども本の寺子屋　2015（平成27）年度（のべ1481人）

◆科目

日程	種別	講師	講座名	受講者数
6月6日（開校）	ワークショップ	武田美穂（絵本作家）	「武田美穂さんときらきらタワーをつくっちゃおう」	126人
7月18日	講座	鈴木まもる（絵本作家、鳥の巣研究家）	「絵本と鳥の巣の不思議～鳥の巣が教えてくれること～」	75人
8月6日	ほおずき書籍見学会		「本ができるまで見学バスツアー」	22人
1月31日	ワークショップ	美篶堂	「メモブロックで本を作ろう」	18人
6月21日～3月13日（全6回）	読書会		「しおじりっこブッククラブ」	53人

◆企画展等

日程	企画	参加者数
7月18日～8月1日	展示会・鈴木まもる（絵本作家、鳥の巣研究家）「世界の鳥の巣と絵本原画展」	1187人

あとがき

編集者は演出家に似ている、と思う。そう思い至ったのは、長田さんからお借りした本『蛭川幸雄と「さいたまゴールド・シアター」の500日』（平凡社新書）のなかで、「ぼくは演出家で、自分は書かずに他者の言葉の隙間に自分の創造性を加えて仕事が成り立つ。俳優も自分の言葉では語れない。本当に素晴らしい戯曲に出会えて、われわれは必死にやった」という言葉に出くわしたときだ。この演出家を編集者に読み換えると、「信州しおじり　本の寺子屋」を始めた人々の思いが少しだけわかる。その一方、「本当に素晴らしい戯曲」になかなか出会うことのできない出版界の現状がある。だから必死になろうにもなかなかなれない。読み手は退屈して本から離れてしまう。そうした焦りが、「本の寺子屋」を企画する人たちの周囲に、常に細かい霧のようにつきまとっているのを感じる。戯曲は舞台で演じられて初めて、生命を吹き込まれる。だから演出の指導は真剣で、厳しい。高齢者だろうが、容赦しない。「今日はできるまでやる。さあ！　がんばる。さあ！　もう一回いこう！　許さねーぞ、今日は！」こうした真剣さが中高年の可能性を拓いていく。この真剣な舞台を、図書館で再現することこそ、「本の寺子屋」の究極的な目標ではないか、と思えるのだ。

読書は孤独なものだ。しかし読後感を伝え合うことが新たな発見を生み、人と人との交流を生み出すのならば、読書の喜びは二倍にも三倍にも大きくなっていくだろう。しかもそれが、書き手や送り手とともにたどる知的冒険であり、さらに書き手や送り手にも刺激を与えることができ、快い緊張感を得られるとしたら、どんなに楽しいだろう。「信州しおじり　本の寺子屋」が地域の新たな知的、文化的交流の中心となり、にぎわいを生み、地域を豊かにしていくこと、そしてこうした試みが全国に広がっていくことを願わずにはいられない。

＊

本書は、将来の公共図書館のあり方に関心のある長野県内の複数の図書館利用者が、塩尻市立図書館で始まった「信州しおじり　本の寺子屋」の試みを考えるために、不定期に会合を開き議論を重ねた結果を、研究会としてまとめたものです。編集者の長田洋一さん、鳥取県米子市の「本の学校」創設者の永井伸和さん、元塩尻市立図書館長の内野安彦さん、前塩尻市立図書館長の伊東直登さんはじめ、ご助言や資料提供をお願いした図書館員のみなさん、また「寺子屋」につながる様々な活動に関わる多くの方に、この場を借りて改めて御礼申し上げます。

二〇一六（平成二十八）年四月

「信州しおじり　本の寺子屋」研究会

幹事　高橋龍介

「本《ほん》の寺子屋《てらこや》」が地方《ちほう》を創《つく》る　塩尻《しおじり》市《し》立《りつ》図《と》書館《しょかん》の挑戦《ちょうせん》

発行日　2016年5月11日　第1刷発行

著者　「信州《しんしゅう》しおじり　本《ほん》の寺子屋《てらこや》」研究会《けんきゅうかい》

協力　塩尻市、塩尻市立図書館

装丁　間村俊一

発行者　田辺修三

発行所　東洋出版株式会社
〒112-0014　東京都文京区関口1-23-6
電話　03-5261-1004（代）　振替　00110-2-175030
http://www.toyo-shuppan.com/

担当　秋元麻希

印刷　日本ハイコム株式会社（担当：宮前諭裕）

製本　三修紙工株式会社

許可なく複製転載すること、または部分的にもコピーすることを禁じます。
乱丁・落丁の場合は、ご面倒ですが、小社までご送付下さい。
送料小社負担にてお取り替えいたします。

© Shinshu Shiojiri Hon-no-terakoya Kenkyukai, 2016, Printed in Japan

ISBN 978-4-8096-7829-5　定価はカバーに表示してあります

ISO14001 取得工場で印刷しました

東洋出版の本

奇跡の出版人
古田晁伝
筑摩書房創業者の生涯

塩澤実信 ◉ 著

定価　2,400円＋税

ISBN 978-4-8096-7797-7

本は読まない。学問は嫌い。しかし見込んだ作家には打算なく心を尽くす。創業した筑摩書房をたった十年で名門出版社に押し上げ、文化に、人間に、献身的な愛情を注いだ、ある男の物語。

「出版論としても優れ、読み物としても面白い」——読書人・社長　植田康夫

「未知の人である古田晁の人となりをいろいろ想像させてくれる」

——出版ニュース社・代表　清田義昭

本の世紀
岩波書店と出版の100年

信濃毎日新聞取材班 ◉ 編

永江朗 ◉ 解題

定価　2,400円＋税

ISBN 978-4-8096-7796-0

「信濃毎日新聞」連載の「本の世紀——岩波書店と出版の100年」を書籍化。

「岩波茂雄が岩波書店を創業して、2013年で100年。時に政治や世論の流れと対峙しながら100年の歴史を刻んできた岩波書店の歴史は、近現代の本の出版文化の歩みとも大きく重なる。読者離れ、出版不況が言われる中、私たちは読書文化をどう引き継ぎ、活字文化をどうはぐくんでいったらいいのだろうか。岩波書店の今と昔をたどりながら、変化し続ける時代の中での出版文化の意味を考えたい」（本文より）